茶韵经典·典藏精品

白金版

中华国饮事典

茶苑

Zhonghua Guoyin Shidian
Chayuan

茶之道

◎主编 黄小勇

◎本册主编 张彬 马秋边

◎本册副主编 方雷平 熊斌

武汉大学出版社
WUHAN UNIVERSITY PRESS

图书在版编目（CIP）数据

中华国饮事典·茶苑·茶之道/黄小勇主编．—武汉：武汉大学出版社，2015.8

ISBN 978-7-307-15810-8

Ⅰ．中…　Ⅱ．黄…　Ⅲ．茶叶—文化—中国　Ⅳ．TS971

中国版本图书馆 CIP 数据核字（2015）第 103139 号

责任编辑：余　梦　　责任校对：黄孝莉　　装帧设计：吴　极

出版发行：**武汉大学出版社**（430072　武昌　珞珈山）

（电子邮件：whu_publish@163.com　网址：www.stmpress.cn）

印刷：武汉市金港彩印有限公司

开本：720×1000　1/16　印张：8.25　字数：105 千字

版次：2015 年 8 月第 1 版　2015 年 8 月第 1 次印刷

ISBN 978-7-307-15810-8　定价：1280.00 元（全套七册，精装）

总序

茶第一次给我留下深刻的印象，要追溯到30年前的那个春天。我到与学校相邻的城市杭州游玩，无意中走到了著名的龙井大队。恰好赶上春茶上市的日子，村边小路的两侧，密密麻麻地摆满了茶农自家生产的龙井茶，蜿蜒曲折的茶叶阵蔓延数公里。当时的集市十分简陋，一家一个箩筐，箩筐上面放一个大大的簸箕，簸箕上堆满了茶叶。每个农家都在簸箕的一角放一个大大的玻璃杯，里面泡的都是自家预售的茶叶。放眼望去，处处都是新茶的嫩绿，柔柔的嫩叶舒展在杯中，缕缕热气从杯中袅袅升起，与早春时节山中的薄雾相映成趣，满眼的嫩绿和不时吸入鼻中那若有若无的茶香味融合在一起，眼前一片春意盎然的景象。一时间，人竟有些恍惚，有一种飘飘然、如临仙境的感觉。我定了定神，沿着小道走了下去，最后，在一个自认为最好的茶叶摊前停下脚步。在茶主的盛情邀请下，我端起玻璃杯，大大地喝了一口（请原谅，当时的我真的不知道茶是要慢慢去品的），也许是我喝得太快，茶水入口时并没有什么特别的感觉。而当茶水被咽下去后，令人震惊的事情发生了，只觉得一股清新之气在口腔中盘旋，直冲鼻腔，好像真的是七窍都要通了一般。不知道古人的“六碗通仙灵”是不是描述我当时的感受，但可以肯定的是我在喝第一口时就有了“通仙灵”的感觉。当我鼓起勇气询问茶叶的价格，希望买上一点回去品尝的时候，摊主平静的回答，让我震惊了，他告诉我“200元一斤”。当时正在上大学的我，一个月的生活费也就只有30元左右！一斤茶叶居然要花费我半年的生活费！说实话，当时的我对茶叶并没有太多的认识，只知道它是一种可以泡来喝的饮料，大多是闲人们打发时间的饮品。看到我震惊的样子，摊主笑着给我讲起了龙井茶的故事。从茶农的口中我第一次听到了“虎跑泉水龙井茶”的传说，也第一次知道了茶叶的采摘是有时间要求的，不同的采摘时间和加工方法会给茶叶的品质带来巨大的影响。好的茶叶因为有极为苛刻的采摘和加工要求，产量十分有限，所以价格昂贵。当然也有品质一般的茶叶，只需要几块钱一斤。

真正让我对茶产生兴趣是在大学最后一年的夏天。那年中国航空公司宣布寒暑假期间可以对在校大学生出售半价飞机票，但前提条件是只在每天下午 3 点钟以后出售未卖完的第二天的机票。为了买到一张半价机票，几乎有一周的时间我每天下午都要从浦东跑到我预乘航班航空公司的售票大厅排队等票。上海的 7 月极为闷热潮湿，在正午的烈日下奔跑是极耗体力的。终于有一天我有些扛不住了，整个人都感觉到发虚发飘，口腔中不时有口水不受控制地涌出来，我知道自己要中暑了。误打误撞中跑进了城隍庙里的豫园茶楼，现在也记不清当时是为什么点了一壶龙井茶。几杯茶下去，中暑的感觉彻底消失了，虽然没有“两腋清风生”，但也有了几分神清气爽的感觉。原来这不起眼的茶叶居然有如此惊人的功效！从那时起，我对茶叶的兴趣便一发不可收拾，开始了对中华茶文化真正意义上的收集和研究。

几乎每一个中国人都知道“开门七件事，柴米油盐酱醋茶”，它反映了茶作为生活必需品在中国人日常生活中的重要地位。客来敬茶，是中国人待人接物的基本礼节。茶间话家常，其乐融融。随着中国社会的发展，茶作为一种文化载体，在保持其自然属性的同时，也引起了人们的关注，带领人们回归自然，予人以精神寄托。中国文人强调“人生八雅”“琴棋书画诗酒花茶”。中华茶文化源远流长，博大精深，为中华民族之国粹。从开门七件事的“茶”，到人生八雅的“茶”，从物质的茶到精神的茶，中华茶文化的发展经历了漫长的孕育期，在汲取了大量的中华民族传统文化精华的基础上，与时代的政治、经济、文化及人们的日常生活产生了完美的融合，并由此开始了其自身的形成与发展历程。

纵观我国茶文化的历史，中华茶文化的发展大致经历了以下几个阶段。

一、茶文化的孕育期

上古的黄帝时代，中华历史上发生了一个重大变化——文字的发明，这标志着中华历史迈进了文明的时代。文字发明以前，人们一般以实物记事。从传说和民族学的资料来看，上古记事的主要办法为结绳和刻契。而结绳应用于神农氏以前，至黄帝时代，随着经济、文化、生活的快速进步，结绳记事已无法在使用范围和速度上完全满足人类传递信息的需要了，古人通过兽蹄鸟迹的规律，发明了文字，便于交流。由于文字的发明，中华历史发展中的优秀文化得以传承。中华茶文化的记载便是从此时开始的。

相传在上古的黄帝时代，神农氏尝百草并写下了记载各种草石功效的《神农本草》，又名《神农本草经》，它是我国现存最早的药学专著。《神农本草》里记载，现今的四川益州是最早的茶区之一，采摘在农历的三月初三进行。这说明茶叶在此时已被视为药饮在民间流行。中国最早的诗歌总集《诗经》收集了从西周初期至春秋中叶大约500年间的诗歌305篇，其中提到“荼”字的地方就有近十处。这里的“荼”字也许并不全部指我们现在意义上的“茶”，但其中诸如“谁谓荼苦，有甘如荠”“采荼薪樗，食我农夫”等的描述，则被学者们公认为是关于茶事的最早记载。春秋时期婴相齐景公时（公元前547—公元前490年），有记载表明人们吃脱去谷皮的粗粮饭，烤食三种禽鸟和牛、猪、狗、鸡、羊的卵部，最后“茗茶而已”，表明茶叶已作为菜肴汤料，供人食用。三国时期魏张揖著《广雅》中有“荆巴间采茶作饼，叶老者饼成，以米膏出之。欲煮茗饮，先炙令赤色，捣末置瓷器中，以汤浇覆之，用葱、姜、橘芼之”的记载，这是目前发现的最早的关于茶饼制作和泡茶方法的描述。

不难看出，这一阶段茶在生活中扮演着药饮、汤饮的角色，还仅仅局限于茶的物质属性方面。

二、晋代、南北朝茶文化的萌芽

魏晋南北朝时期，奢靡之风盛行。而茶饮具有清新、雅逸的天然特性，于是，宫廷贵族“以茶代酒”倡朴示廉，市井百姓“以茶代水”提神醒脑，文人雅士“以茶会友”品茗寄情，佛门僧侣“以茶合禅”静虑悟道。茶的精神意味得到了人们的认同，茶不仅作为一种饮品被人们接受，而且作为一种精神得到传播。

魏晋时期饮茶的地域特征明显，主要集中在长江流域，先秦两汉是在巴蜀之地发祥，三国西晋在长江中游和华中地区，东晋和南朝则在长江下游和华南。据晋常璩《华阳国志·巴志》记载：约公元前1000年周武王伐纣时，当时的巴国已有了人工茶园，所产的茶叶被作为“纳贡”珍品献给周王室，这是茶作为贡品的最早记述。公元前59年，已有“烹茶尽具”“武阳买茶”的记载，这表明在四川一带已有茶叶作为商品出现，是关于茶叶商贸活动的最早记载。东汉（25—220年）末年、三国时代的医学家华佗在《食论》中提出了“苦荼久食，益意思”，是茶叶药理功效的第一次记述。三国（220—265年）时期，史书《三国志》中有吴国君主孙皓“密赐茶荈以代酒”，是“以茶代酒”最早的记载。到了隋朝（581—618年），茶的饮用逐渐开始普及，隋文帝患病，遇俗人告以烹茗草服之，果然见效。于是人们竞相采之，茶逐渐由药用演变成社交饮料，但主要还是在社会的上层群体中流行。随着文人饮茶之兴起，有关茶的诗词歌赋日渐问世，茶已经脱离作为一般形态的饮食而走入文化圈，起着一定的精神、社会作用。中华茶文化由此开始了它真正意义上的萌芽。

三、唐代茶文化的形成

唐代（618—907 年）是茶作为饮料扩大普及，并从社会的上层走向全民的时期。唐太宗大历五年（770 年）开始在顾渚山（今浙江长兴）建贡茶院，每年清明前兴师动众督制“顾渚紫笋”饼茶，进贡皇朝。唐德宗建中元年（780 年）纳赵赞议，开始征收茶税。8 世纪，中国历史上第一部真正意义上的茶典——陆羽《茶经》问世。“自从陆羽生人间，人间相学事新茶。”陆羽《茶经》的问世使茶文化发展到一个空前的高度，标志着唐代茶文化的形成。《茶经》概括了茶的自然和人文科学双重内容，探讨了饮茶艺术，把儒、道、佛三教融入饮茶中，首创中国茶道精神。之后又出现大量茶书、茶诗，有《茶述》《煎茶水记》《采茶记》《十六汤品》等。唐代是中国历史上社会经济文化空前繁荣的时代，同时也是中华茶文化真正形成和发展的朝代。

唐代饮茶之风的兴起，使得全国许多地方开始生产茶叶。根据陆羽《茶经》记载，当时的主要产茶区有 42 个，涉及现在的 17 个行政划分省份，即西北至安康，北至淮河南岸的光山，西南至云贵的西双版纳和遵义，东南至福建的建瓯等，南至岭南的两广。因各地气候不一、地理位置迥异，加上风土人情和种植方法有差异，所产出的茶叶也呈现出不同的特质。唐人在煎茶过程中，总结出了茶与水的煎煮关系，择水当选与产茶地相宜的水。故而，中国茶文化自唐代开始，饮茶讲究茶水相宜。茶与水的融合，各地风格迥异。唐人开始认识到不同水质对茶汤质量的影响，不同沸水程度对茶汤质量的影响，不同产地茶碗对茶汤汤色的影响等细节。唐人开始重视茶叶的制作方法和过程，不同的制作方法产出的茶叶，采用不同的煮饮方式。

四、宋代茶文化的兴盛

宋代茶业已有很大发展，并在唐代的基础上进一步推动了茶文化的发展，在文人中出现了专业品茶社团，有官员组成的“汤社”、佛教徒的“千人社”等。宋太祖赵匡胤是一位嗜茶之士，在宫廷中设立茶事机关，宫廷用茶已分等级。茶仪已成礼制，赐茶已成皇帝笼络大臣、眷怀亲族的重要手段，还赐给国外使节。至于普通百姓，茶文化更是生机盎然，有人迁徙，邻里要“献茶”；有客来，要敬“元宝茶”；订婚时，要“下茶”；结婚时，要“定茶”；同房时，要“合茶”。民间斗茶风起，带来了采制烹点的一系列变化。宋太宗太平兴国年间（976 年）开始在建安（今福建建瓯）设宫焙，专造北苑贡茶，从此龙凤团茶有了很大发展。宋徽宗赵佶在大观元年间（1107 年）亲著《大观茶论》一书，以帝王之尊，倡导茶学，弘扬茶文化。宋代创立了点茶法，斗茶之风盛行，由此产生了茶文化精粹——分茶。由于皇帝和文人对点茶、分茶和斗茶的推崇，贡茶的产生，极大地提高了茶叶和茶具质量。由于茶马贸易的旺盛，宋代开始，朝廷设茶马司，专门负责以茶叶交换周边各少数民族马匹的工作。由于马匹是重要的战备物资，设置茶马司便于朝廷控制各少数民族地区，同时，茶马贸易也促进了对少数民族的文化推广，特别是茶文化的推广，并由此逐步产生了专供少数民族地区的茶叶——黑茶（边茶）。由此，中华茶文化进入了兴盛时期。

五、明、清茶文化的普及

中国古代茶文化的发展史上，元、明、清也是一个重要阶段，茶叶的生产量和消费量逐渐扩大，饮茶技艺的水平、特色逐步提升，呈现多样化，散发着令人陶醉的文化魅力。宋代，大小城市茶馆、茶楼的兴起使得茶文化更加深入普通大众的生活，各种茶文化不仅继续在宫廷、宗教、文人、士大夫等阶层中延续和发展，茶文化的精神也进一步植根于广大民众之间，不同地区、不同民族有极为丰富的“茶民俗”。明、清茶人继承了唐、宋茶人饮茶修道的思想。泡茶法大约始于中唐，南宋末至明朝初年，泡茶多用末茶。明初以后，泡茶用叶茶，流行至今。

明、清时期，茶叶的生产和加工方式日渐多样化，出现蒸青、炒青、烘青等各茶类，茶的饮用已改成“撮泡法”，明代不少文人雅士留有传世之作，如唐伯虎的《烹茶画卷》《品茶图》，文徵明的《惠山茶会记》《陆羽烹茶图》《品茶图》等。茶类的增多，泡茶的技艺有别，茶具的款式、质地、花纹千姿百态。晚明时期，文人雅士们对品饮之境又有了新的突破，讲究“至精至美”之境。此时的茶叶已经进入寻常百姓家，成为人们日常生活中不可或缺的一种要素。

六、现代茶文化的发展

新中国成立后，我国茶叶生产得到了快速发展，2013 年全国干毛茶的产量已经达到了 189 万吨，茶叶总产值突破 1000 亿元人民币。茶物质财富的大量增加为我国茶文化的发展奠定了坚实的基础。随着茶文化的兴起，各地茶艺馆越办越多。各种形式的国内、国际茶文化研讨会频繁展开，吸引了世界各地的茶叶厂商和茶文化研究人员参加。各省、各市及主产茶县纷纷主办“茶叶节”，如福建武夷市的岩茶节、云南的普洱茶节、湖北英山及河南信阳的茶叶节等不胜枚举，以茶为载体，形式多样的活动，促进了各地经济贸易的发展，同时也进一步扩大了中华茶文化的影响。

时值金秋，丹桂飘香，正是品茶的好时候。所谓好茶还需细品，回想近 30 年对中国茶文化的收集和研究过程，各种生活志趣和人生滋味，尽在其中。无论红、绿、白、黑、黄或青，喝出生活味道的茶，皆为好茶。茶成为文化，经过了历史的沉淀和大众的传播。作为文化工作者，我和一群志同道合的中华茶文化爱好者，结合各自的工作，努力地向外国人传播着这一种物色突出的茶文化。作为民间的茶文化个体传播者，我们阅读分析了近 20 年中国出版的与茶文化有关的海量书籍，它们或细谈茶历史，或趣说茶文化，或详道茶之俗，或闲话茶之事，或漫话茶与养生，或把玩茶之器具，或译解茶之经典，然而大部分的书籍缺乏系统性，尤其是缺少针对外国人系统宣传介绍中华茶文化的书籍。10 年前，我在英国工作期间有机会接触到英国的茶艺。众所周知，英国本土并不生产茶叶，而“英伦下午茶”却成了举世闻名的茶艺经典。这与英国人对茶文化的研究和英国茶艺的推广是密不可分的。随着中国经济的快速发展，中国已经全方位地走向了世界，中华文化的对外推广已是大势所趋，时不我待。作为中华文化组成部分的中华茶文化的宣传推广自然也就水到渠成了。

本着这样一种想法，我们编写了本套茶文化丛书。丛书共有七本，分别为《茶之类》《茶之水》《茶之器》《茶之典》《茶之艺》《茶之养》和《茶之道》，以期对中华茶文化进行一次全方位的梳理，同时也希望为对中华茶文化有兴趣的外国朋友提供一个全面了解中华茶文化的途径。我们力求从便于茶文化传承的角度，系统收编整理天下千差万别的各类茗茶，结合中国文化中“天地人和”的特点，介绍中国广袤大地上的宜茶之水。纵观历史，挖掘出中国摆器赏茶的道具，品析茶自孕育萌芽伊始的典故，与读者一起观外形、赏汤色、闻香气、品茗滋，享受中国茶文化带来的丰富营养，涤心神，悟人生。

由于编者不是茶文化的专业研究人员，丛书主要从日常生活中易于茶文化传播的角度编写，因此难免有考虑不周的地方，在此恳请专业人士予以批评指正。

黄小勇

2015 年 7 月

前言

当今社会，在意识形态领域，中华优秀传统文化的底色越来越浓。中国共产党第十八次全国代表大会报告中明确指出，全面建成小康社会，实现中华民族伟大复兴，必须发挥文化引领风尚、教育人民、服务社会、推动发展的作用，并强调建设优秀传统文化传承体系、弘扬中华优秀传统文化。

中国是茶树的原产地和茶文化的发祥地，茶被广泛运用于民间生活中的各个领域，茶文化已经成为中国、亚洲乃至世界范围内的独特而灿烂的文化。茶文化的核心是茶道，中国也是世界上最早提出茶道概念的国家。中华传统文化是诸子百家共鸣，儒、释、道和谐共生的。茶道吸收了儒、释、道三家思想的精华并将其融合于一体，是中华优秀传统文化的重要体现。

2014 年 4 月，习近平主席在访问比利时时，在布鲁日欧洲学院发表了重要演讲。演讲中提到："2000 多年前，中国就出现了诸子百家的盛况，老子、孔子、墨子等思想家上究天文、下穷地理，广泛探讨人与人、人与社会、人与自然关系的真谛，提出了博大精深的思想体系。他们提出的很多理念，如孝悌忠信、礼义廉耻、仁者爱人、与人为善、天人合一、道法自然、自强不息等，至今仍然深深影响着中国人的生活。"习近平主席还以茶比喻中国文明的含蓄和内敛，提出中国"和而不同"的文化主张，用"和"诠释人类各种文明的兼容。

本书从茶道的历史发展入手，叙述了我国历史上各个时期茶文化的展现形式和特点，总结了茶道的构成及茶道所遵循的法则。本书探讨了茶道与儒、释、道三家的关系，其中包括儒家的“中庸之道”、释家的“禅茶一味”及道家的“天人合一”，进而探讨了茶道的精神内涵。有诸于内、行诸于外，本书还概括了茶道的表现形式，诸如文学、美术、歌舞等。

中国梦深深扎根于中华优秀传统文化的沃土之中。实现中国梦，必须充分挖掘和汲取中华优秀传统文化的宝贵资源。传承中华优秀传统文化人人有责，希望本书能为热爱茶道的朋友带来一点帮助。

本书所用图片，部分为作者拍摄；部分为武汉羽桐文化会馆提供；其余来源广泛。如涉及图片使用相关问题，请图片版权所有者与出版社联系。

在本书的编写过程中，我们得到了茶业界及其他各界许多朋友的关心和支持，在本书出版之际，谨致以衷心的感谢。书中的疏漏和不足之处，敬请广大读者批评指正。

编　者

2015年7月

更多精彩内容，敬请关注！

扫一扫

第一章

茶道简介

第一节　茶道的定义

“道”被认为是中国哲学的最高范畴，一般指宇宙法则、终极真理、事物运动的总体规律、万物的本质或本源。道生万物，道于万事万物中，以百态存于自然。道有非恒道、恒道，可道、不可道，可感知、不可感知，可想象、不可想象，有属性、无属性……之分。“道”的概念，为哲学流派、诸子百家等所重视，也为各宗教流派所使用。

茶道

道，有儒家之道、道家之道，有佛教之道、各家之道，不尽一致。中国文化主流是“儒道互补”，隋唐以来又趋于“三教合一”。一般的文人、士大夫往往兼修儒、道、佛，即使道士、佛教徒，也往往是旁通儒佛、儒道。有人认为，流传最广，最具中国特色的佛教禅宗一派，便吸收了庄子、孔子、孟子的一些思想，而宋、元、明、清佛教的一大特点便是融通儒道，调和三教。宋、明新儒学兼收道、佛思想，有所谓“朱子道，陆子禅”之说。金、元道教全真派祖师王重阳，竭力提倡“三教合一”，其诗云：“儒门释户道相通，三教从来一祖风”“释道从来是一家，两般形貌理无差”。建立在中国文化之上的茶道，也是由儒释道文化的互相影响而形成的。

而茶道，就是长期以来受中国优秀传统文化影响，在品赏茶中体会的美感之道。茶道亦被视为一种烹茶饮茶的生活艺术，一种以茶为媒的生活礼仪，一种以茶修身的生活方式。它通过沏茶、赏茶、闻茶、饮茶，增进友谊，美心修德，学习礼法，领略传统美德，是很有益的一种和美仪式。喝茶能静心、静神，有助于陶冶情操、去除杂念，这与提倡“清静、恬澹”的东方哲学思想很吻合，也符合儒道的“内省修行”思想。

中国的茶道出现很早，但遗憾的是中国虽然很早提出了“茶道”的概念，也在该领域中长期不断地实践探索，却没能旗帜鲜明地以“茶道”的名义来发展这项事业，也没有规范出具有传统意义的茶道礼仪。中国的茶道可以说是重精神而轻形式。有学者认为必要的仪式对“茶道”来说是较为重要的，没有仪式却自称有“茶道”，显然会比较偏颇。

近现代以来，茶人对“茶道”下了很多的定义，但说法纷呈。茶道是构筑在特定的客观事物上的茶人的观念，它既是茶人的认识论，也是茶人的方法论与世界观。从广义来讲，“茶道”是人类发现并利用茶叶后逐步发展起来的各种茶叶制作工艺及利用与其茶品相应的食茶、饮茶方法进行养生并修身养性的观念方法的集合；从狭义而言，“茶道”就是饮茶人在特定的环境借喝茶之事修身养性以完善人格的方法论及由此折射出来的价值观。以下是一些较有代表性的说法。

著名农学家、农业经济学家、现代茶叶事业复兴和发展的奠基人吴觉农先生认为：茶道是“把茶视为珍贵、高尚的饮料，因茶是一种精神上的享受，是一种艺术，或是一种修身养性的手段”。

吴觉农

茶学家、茶学教育家、茶叶栽培专家庄晚芳先生认为：茶道是“一种通过饮茶的方式，对人民进行礼法教育、道德修养的一种仪式”，其基本精神为“廉、美、和、敬”，即“廉俭育德、美真康乐、和诚处世、敬爱为人”。

中国现代著名散文家、文学理论家、评论家、诗人、翻译家、思想家、中国民俗学开拓人周作人先生对茶道的理解则较为随意，却也道出了茶道的最高境界：“茶道的意思，用平凡的话来说，可以称作忙里偷闲，苦中作乐，在不完全现实中享受一点美与和谐，在刹那间体会永久。”

台湾春水堂创办人刘汉介先生对于茶道的定义极为简单：“所谓茶道，是指品茗的方法与意境。”

广东潮州学者陈香白先生认为：中国茶道包涵茶艺、茶道、茶礼、茶情、茶学说、茶导引七种义理，中国茶道精神的核心是“和”。

在饮茶过程中，将“茶”发展成为一种文化，是我国优秀传统文化的集中体现。

第二节　茶道的历史、发展

茶道属于东方文化。东方文化与西方文化不同，明显的区别在于东方文化往往没有一个科学的、准确的定义，而要靠个人凭借自己的悟性去贴近它、理解它。早在我国唐代就有了“茶道”这个词，例如，《封氏闻见记》中这样记载：“又因鸿渐之论，广润色之，于是茶道大行。”唐代刘贞亮在《饮茶十德》中也明确提出：“以茶可行道，以茶可雅志。”

茶道是通过品茶活动来表现一定的礼节、人品、意境、美学观点和精神思想的一种行为艺术。它是茶艺与精神的结合，并通过茶艺表现精神，兴于中国唐代，盛于宋、明代，衰于清代。中国茶道的主要内容讲究五境之美，即茶叶、茶水、火候、茶具、环境，同时配以情绪等条件，以求“味”和“心”的最高享受，被称为美学宗教。以和、敬、清、寂为基本精神的日本茶道，则是继承唐宋遗风。

茶道起源于中国。中国人至少在唐代或唐代以前，就在世界上首先将茶饮作为一种修身养性之道，唐朝《封氏闻见记》中这样记载：“茶道大行，王公朝士无不饮者。”这是现存文献中对茶道的最早记载。唐代吕温在《三月三茶宴序》中对茶宴的优雅气氛和品茶的美妙韵味，作了非常生动的描绘。在唐宋年间人们对饮茶的环境、礼节、操作方式等饮茶仪式和过程都已很讲究，有了一些约定俗成的规矩和仪式，茶宴已有宫廷茶宴、寺院茶宴、文人茶宴之分；对茶饮在修身养性中的作用也有了相当深刻的认识，宋徽宗赵佶是一位茶饮爱好者，他认为茶的芬芳品味，能使人闲和宁静、趣味无穷：“至若茶之为物，擅瓯闽之秀气，钟山川之灵禀，祛襟涤滞，致清导和，则非庸人孺子可得知矣。中澹闲洁，韵高致静……”

茶道中所修何道？可为儒家之道，可为道家之道，也可为佛教之道，因人的机缘、秉性、喜好而异。一般来说，茶道中所修之道为综合各家之道。修道的理想追求概括起来就是养生、怡情、修性、证道。证道是修道的理想结果，是茶道的终极追求，是人生的最高境界。证道则天人合一、即心即道，天地与我并生，万物与我为一，极高明而道中庸，无为而无不为。

茶艺是茶道的基础，茶道的形成必然是在饮茶普及、茶艺完善之后。唐代以前虽有饮茶，但不普遍。东晋虽有茶艺的雏形，还远未完善。晋、宋以迄盛唐，是中国茶道的酝酿期。考察中国的饮茶历史，饮茶法有煮、煎、点、泡四类，形成茶艺的有煎茶法、点茶法、泡茶法。依茶艺而言，中国茶道先后产生了煎茶道、点茶道、泡茶道三种形式。

中唐以后，中国人饮茶“殆成风俗”，形成“比屋之饮”，“始自中地，流于塞外”。唐朝肃宗、代宗时期，陆羽著《茶经》，奠定了中国茶道的基础。又经皎然、常伯熊等人的实践、润色和完善，形成了“煎茶道”；北宋时期，蔡襄著《茶录》，宋徽宗赵佶著《大观茶论》，从而形成了“点茶道”；明朝中期，张源著《茶录》，许次纾著《茶疏》，标志着“泡茶道”的诞生。

中国古代没有茶道专著，有关茶道的内容散见于各种茶书及茶诗文绘画中。以下是从古代茶书及茶诗文中，所窥见的中国茶道形成与发展的脉络，将从茶艺、茶礼、茶境和修道四个方面分别予以叙述。

一、唐、宋——煎茶道

煎茶法不知起于何时，陆羽《茶经》始有详细记载。《茶经》初稿成于唐代宗永泰元年（765 年），又经修订，于德宗建中元年（780 年）定稿。《茶经》的问世，标志着中国茶道的诞生。其后，斐汶撰《茶述》，张又新撰《煎茶水记》，温庭筠撰《采茶录》，皎然、卢仝作茶歌，在此推动下，中国煎茶道日益成熟。

煎茶道

（一）煎茶道茶艺

煎茶道茶艺有备器、选水、取火、候汤、习茶五大环节。

第一步：备器。

《茶经·四之器》列茶器二十四事，即风炉（含灰承）、炭挝、火筴、釜、交床、纸囊、碾、拂末、罗、合、则、水方、漉水囊、瓢、竹夹、畚、碗、熟盂、札、涤方、滓方、巾、具列，另有统贮茶器的都篮。

第二步：选水。

《茶经·五之煮》云："其水，用山水上，江水中，井水下""其山水，拣乳泉、石池漫流者上""其江水，取去人远者。井，取汲多者"。陆羽晚年撰《水品》（一说《泉品》）一书。张又新于825年前后撰《煎茶水记》，书中引刘件刍评判天下之水等，陆羽评判天下之水二十等。讲究水品，是中国茶道的特点。

第三步：取火。

《茶经·五之煮》云："其火，用炭，次用劲薪。其炭曾经燔炙为膻腻所及，及膏木、败器不用之。"温庭筠撰于860年前后的《采茶录》"辨"条载："李约，汧公子也。一生不近粉黛，性辨茶。尝曰：'茶须缓火炙，活火煎'。活火谓炭之有焰者，当使汤无妄沸，庶可养茶。"

第四步：候汤。

《茶经·五之煮》云："其沸，如鱼目，微有声为一沸，缘边如涌泉连珠为二沸，腾波鼓浪为三沸，已上水老不可食。"候汤是煎茶的关键。

第五步：习茶。

习茶包括藏茶、炙茶、碾茶、罗茶、煎茶、酌茶、品茶等。

撰于8世纪末的《封氏闻见记》卷六饮茶条载："楚人陆鸿渐为茶论，

说茶之功效，并煎茶、炙茶之法，造茶具二十四事，以都统笼贮之。远近倾慕，好事者家藏一副。有常伯熊者，又因鸿渐之论，广润色之，于是茶道大行，王公朝士无不饮者，御史大夫李季卿宜慰江南，至临淮县馆，或言伯熊善饮茶者，李公请为之。伯熊著黄被衫乌纱帽，手执茶器，口通茶名，区分指点，左右刮目……”常伯熊，生平事迹不祥，约为陆羽同时期人。他对《茶经》进行了润色，其茶艺娴熟，是煎茶道的开拓者之一。

陆羽、常伯熊而外，皎然、斐汶、张又新、刘禹锡、白居易、李约、卢仝、钱起、杜牧、温庭筠、皮日休、陆伟蒙、齐己等人对煎茶道茶艺均有贡献。

（二）茶礼

《茶经·五之煮》云：“夫珍鲜馥烈者，其碗数三，次之者，碗数五。若坐客数至五，行三碗。至七，行五碗。若六人已下，不约碗数，但阙一人，而已其隽永补所阙人。”一次煎茶少则三碗，多不过五碗。客人五位，则行三碗茶，客人七位，则行五碗茶，缺两碗，则以最先舀出的“隽永”来补。若客四人，行三碗，客六人，行五碗，所缺一碗以“隽永”补。若八人以上则两炉、三炉同时煮，再以人数多少来酌分碗数。

（三）茶境

《茶经·九之略》有“若松间石上可坐”“若瞰泉临涧”“若援藟跻岩，引絙入洞”，意指饮茶活动可在松间石上，泉边涧侧，甚至山洞中。《茶经·十之图》又载：“用绢素或四幅或六幅分布写之，陈诸座隅。则茶之源、之具、之造、之器、之煮、之饮、之事、之出、之略目击而存，于是《茶经》之始终备焉。”室内饮茶，则在四壁陈挂写有《茶经》内容的挂轴，开后世悬挂书画条幅的先河。

吕温《三月三日花宴》序云："三月三日，上巳禊饮之日，诸子议以茶酌而代焉。乃拨花砌，爰诞阴，清风逐人，日色留兴。卧借青霭，坐攀花枝，闻莺近席羽未飞，红蕊拂衣而不散……"莺飞花拂，清风丽日，环境清幽。

钱起《与赵莒茶宴》诗云："竹下忘言对紫茶，全胜羽客醉流霞。尘习洗尽兴难尽，一树蝉声片影斜。"翠竹摇曳，树影横斜，环境清雅。

唐代茶道，对环境的选择重在自然，多选在林间石上、泉边溪畔、竹树之下等清静、幽雅的自然环境中。

（四）修道

《茶经·一之源》载："茶之为物，味至寒，为饮最宜。精行俭德之人，若热渴凝闷、脑疼目涩、四肢烦、百节不舒，聊四五啜，与醍醐甘露抗衡也。"饮茶利于"精行俭德"，使人强身健体。

《茶经·四之器》，其风炉的设计就应用了儒家《易经》的"八卦"和阴阳家的"五行"思想。风炉上铸有"坎上巽下离于中""体均五行去百疾"的字样。鍑的设计为："方其耳，以正令也；广其缘，以务远也；长其脐，以守中也。"正令、务远、守中，反映了儒家的"中正"思想。

《茶经》不仅阐发饮茶的养生功用，还将饮茶提升到精神文化层次，旨在培养俭德、正令、务远、守中。

诗僧皎然，年长陆羽，与陆羽结成忘年交。皎然精于茶道，作茶诗二十多首。其《饮茶歌·诮崔石使君》诗有："一饮涤昏寐，情思朗爽满天地；再饮清我神，忽如飞雨洒轻尘；三饮便得道，何须苦心破烦恼……熟知茶道全尔真，唯有丹丘得如此。"皎然首标"茶道"，在茶文化史上功并陆羽。他认为饮茶不仅能涤昏、清神，更是修道的门径，三饮便可得道全真。

诗僧皎然

玉川子卢仝《走笔谢孟谏议寄新茶》诗中写道：“一碗喉吻润，两碗破孤闷。三碗搜枯肠，唯有文字五千卷。四碗发轻汗，平生不平事，尽向毛孔散。五碗肌骨清，六碗通仙灵。七碗吃不得也，唯觉两腋习习清风生。”“文字五千卷”，是指老子五千言《道德经》。三碗茶，唯存道德，此与皎然“三饮便得道”义同。四碗茶，是非恩怨烟消云散。五碗肌骨清，六碗通仙灵，七碗羽化登仙。这首诗流传千古，卢仝也因此与陆羽齐名。

卢仝烹茶

钱起《与赵莒茶宴》诗写主客相对饮茶，言忘而道存，洗尽尘心，远胜炼丹服药。

裴汶《茶述》记："茶，起于东晋，盛于今朝。其性精清，其味淡洁，其用涤烦，其功效和。参百品而不混，越众饮而独高。"茶，性清味淡，涤烦致和，和而不同，品格独高。

中唐以来，已经认识到茶清、淡的品性和涤烦、致和、全真的功用。饮茶能使人养生、怡情、修性、得道，甚至能羽化登仙。陆羽《茶经》，裴汶《茶述》，皎然"三饮"，卢仝"七碗"，高扬茶道精神，把饮茶从日常物质生活提升到精神文化层次。

综上所述，8 世纪下半叶，值中唐时期，煎茶茶艺完备，以茶修道思想确立，注重饮茶环境，具备初步的饮茶礼仪，这标志着中国茶道的正式形成。陆羽不仅是煎茶道的创始人，还是中国茶道的奠基人。煎茶道是中国最早形成的茶道形式，鼎盛于中、晚唐，经五代、北宋，至南宋而亡，历时约 500 年。

二、宋、明——点茶道

点茶法约始于唐末，从五代到北宋，越来越盛行。

"石碾轻飞瑟瑟尘，乳香烹出建溪春。世间绝品人难识，闲对《茶经》忆古人。"这是宋代隐士林逋的《煎茶》诗，每每读来，口角为之作三日清。林逋，字君复，浙江钱塘（今杭州）人。早年曾游历江淮间，后归隐西湖孤山，梅妻鹤子，以植梅煎茶为日常功课，萧然世外，淡然自足，以布衣终老于西湖泉石间。诗中所吟诵的"石碾轻飞瑟瑟尘，乳香烹出建溪春"两句，形象描绘了宋代点茶法的场景。

刘松年撵茶图（南宋）

所谓点茶法，是指茶饼经炙烤、碾箩成末后，投入茶盏调膏，然后以沸汤点注的一种茶品冲瀹方法，和唐代煎茶法有很大区别。这在蔡襄《茶录》、赵佶《大观茶论》等茶著中有很详细的描写。

宋代点茶法兴盛，一方面是经济繁荣、文化昌盛的结果，另一方面也和文人、士大夫闲雅细致的生活品位不无关系。宋徽宗《大观茶论》里说：“缙绅之士，韦布之流，沐浴膏泽，熏陶德化，盛以雅尚相推，从事茗饮，故近岁以来，采择之精，制作之工，品第之胜，烹点之妙，莫不盛造其极。”虽然不乏粉饰太平之词，但也确实透露出宋人文化生活的一些信息。据蔡襄《茶录》记载，宋代建安民间流行斗茶，此风气很快就流布到帝王贵胄、文人、士大夫阶层及禅门僧侣间，形成了宋代这种独特的茶文化现象。如宋徽宗赵佶以帝王之尊，曾亲自碾茶、点茶、赐茶；著名文士欧阳修、范仲淹、苏轼、黄庭坚、陈师道、陆游等，都有大量描写茶事的诗词流传下来，脍炙人口；宋代著名高僧宗赜禅师曾编纂《禅苑清规》一书，对禅门日常茶事、茶礼作了详细规约，对后代影响很大。

11 世纪中叶，蔡襄著《茶录》二篇，上篇论茶，即色、香、味、藏茶、炙茶、碾茶、罗茶、候汤、熁盏、点茶；下篇论茶器，即茶焙、茶笼、砧椎、茶钤、茶碾、茶罗、茶盏、茶匙、汤瓶。蔡襄是北宋著名的书法家，同时又是文学家、茶叶专家、荔枝专家，其《茶录》奠定了点茶茶艺的基础。

12 世纪初，宋徽宗赵佶著《大观茶论》二十篇：地产、天时、采择、蒸压、制造、鉴辨、白茶、罗碾、盏、筅、缾、杓、水、点、味、香、色、藏焙、品名、包焙。赵佶是杰出的艺术家，书画、诗文皆佳，且精于茶道。点茶道酝酿于唐末五代，至北宋后期成熟。

（一）点茶道茶艺

点茶道茶艺包括备器、选水、取火、候汤、习茶五大环节。

第一步：备器。

《茶录》《大观茶论》《茶谱》等书对点茶用器都有记录。宋元之际的审安老人作《茶具图赞》，对点茶道主要的十二件茶器列出名、字、号，并附图及赞。归纳起来，点茶道的主要茶器有茶炉、汤瓶、砧椎、茶铃、茶碾、茶磨、茶罗、茶匙、茶筅、茶盏等。

第二步：选水。

宋人选水继承唐人观点，以山水上、江水中、井水下。但《大观茶论》"水"篇却认为："水以清轻甘洁为美，轻甘乃水之自然，独为难得。古人品水，虽曰中泠、惠山为上，然人相去之远近，似不常得，但当取山泉之清洁者。其次，则井水之常汲者为可用。若江河之水，则鱼鳖之腥、泥泞之汗，虽轻甘无取。"宋徽宗主张水以清轻甘活为好，以山水、井水为用，反对用江河水。

第三步：取火。

宋人取火基本同唐人。

第四步：候汤 。

蔡襄《茶录》"候汤"条载："候汤最难，未熟则沫浮，过熟则茶沉。前世谓之蟹眼者，过熟汤也。沉瓶中煮之不可辨，故曰候汤最难。"

蔡襄认为蟹眼汤已是过熟，且煮水用汤瓶，气泡难辨，故候汤最难。赵佶《大观茶论》"水"条记："凡用汤以鱼目、蟹眼连绎进跃为度，过老则以少新水投之，就火顷刻而后用。"赵佶认为水烧至鱼目蟹眼连绎进跃为度。汤的老嫩视茶而论，茶嫩则以蔡说为是，茶老则以赵说为是。

第五步：习茶。

点茶道习茶程序主要有：藏茶、洗茶、炙茶、碾茶、罗茶、熁盏、点茶（调膏、击拂）、品茶等。

除蔡襄、赵佶、朱权、钱椿年、顾元庆、屠隆、张谦德以外，丁谓、范仲淹、梅尧臣、欧阳修、林逋、苏轼、黄庭坚、陆游等人对点茶艺都有所贡献。苏轼的《叶嘉传》，明写人，暗写茶，文中暗含点茶法。

（二）茶礼

朱权《茶谱》载："童子捧献于前，主起举瓯奉客曰：为君以泻清臆。客起接，举瓯曰：非此不足以破孤闷。乃复坐。饮毕，童子接瓯而退。话久情长，礼陈再三。"朱权点茶道注重主、客间的端、接、饮、叙礼仪，且礼陈再三，颇为严肃。

（三）茶境

点茶道对饮茶环境的选择与煎茶道相同，大致要求自然、幽静、清静。王令诗有"果肯同尝竹林下"，苏轼诗有"一瓯林下记相逢"，陆游诗有"自挈风炉竹下来""旋置风炉清樾下"。朱权《茶谱》则记："或会于泉石之间，或处于松竹之下，或对皓月清风，或坐明窗静牖。"

（四）修道

《大观茶论》载："至若茶之有物，擅瓯闽之秀气，钟山川之灵禀。祛襟涤滞、致清导和，则非庸人孺子可得而知矣。冲淡闲洁、韵高致静，则百遑遽之时可得而好尚之。""缙绅之士，韦布之流，沐浴膏泽，熏陶德化，盛以雅尚相推，从事茗饮。"

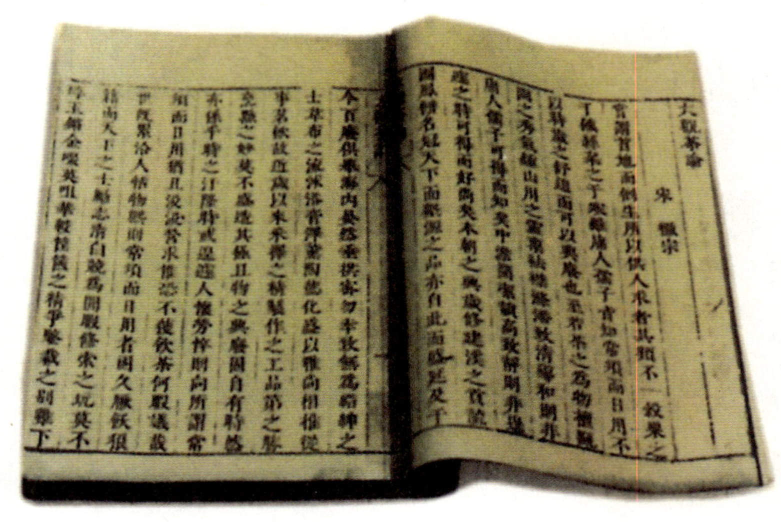

宋徽宗《大观茶论》

审安老人作《茶具图赞》列“茶具十二先生姓名字号”，附图及赞语。以朝廷官职命名茶具，赋予了茶具文化内涵，而赞语更反映出儒、道两家待人接物、为人处世之理。

木待制（砧椎）赞有：“上应列宿，万民以济，禀性刚直。”

金法槽（茶碾）赞有：“柔亦不茹，刚亦不吐，圆机运用，一皆有法。”

石转运（茶磨）赞有：“抱坚质，怀直心。啖嚅英华，周行不怠。”

胡员外（茶瓢）赞有：“周旋中规而不逾其问，动静有常而性苦其卓。”

罗枢密（罗合）赞有：“凡事不密则害成，今高者抑之，下者扬之。”

宗从事（茶帚）赞有：“孔门子弟，当洒扫应付。”

陶宝文（茶盏）赞有：“虚已待物，不饰外貌。”

汤提点（汤瓶）赞有：“养浩然之气，发沸腾之声，以执中之能，辅成汤之德。”

竺副帅（茶筅）赞有：“子之清节，独以身试，非临难不顾者畴见多。”

朱权《茶谱》序曰："予尝举白眼而望青天，汲清泉而烹活火。自谓与天语以扩心志之大，符水火以副内炼之功。得非游心于茶灶，又将有裨于修养之道矣，其惟清哉！"又曰："茶之为物，可以助诗兴而云顿色，可以伏睡魔而天地忘形，可以倍清淡而万象惊寒……乃与客清谈款话，探虚玄而参造化，清心神而出尘表……卢仝吃七碗，老苏不禁三碗，予以一瓯，足可通仙灵矣。"

赵佶、朱权贵为帝王，亲撰茶书，倡导茶道。宋明茶人进一步完善了唐代茶人的饮茶修道思想，赋予了茶清、和、淡、洁、韵、静的品性。

综上所述，点茶道酝酿于唐末五代，至11世纪中叶北宋时期发展成熟。点茶道鼎盛于北宋后期至明朝前期，亡于明朝后期，历时约600年。

三、明、清——泡茶道

泡茶法大约始中唐，南宋末至明朝初年，泡茶多用末茶。明初以后，泡茶用叶茶，流行至今。

16世纪末明朝后期，张源著《茶录》，其书有藏茶、火候、汤辨、泡法、投茶、饮茶、品泉、贮水、茶具、茶道等篇；许次纾著《茶疏》，其书有择水、贮水、舀水、煮水器、火候、烹点、汤候、瓯注、荡涤、饮啜、论客、茶所、洗茶、饮时、宜辍、不宜用、不宜近、良友、出游、权宜、宜节等篇。

《茶录》和《茶疏》共同奠定了泡茶道的基础。17世纪初，程用宾撰《茶录》，罗廪撰《茶解》。17世纪中期，冯可宾撰《岕茶笺》。17世纪后期，清人冒襄撰《岕茶汇钞》。这些茶书进一步补充、发展和完善了泡茶道。

泡茶道

（一）泡茶道茶艺

泡茶道茶艺包括备器、选水、取火、候汤、习茶五大环节。

第一步：备器。

泡茶道茶艺的主要器具有茶炉、汤壶（茶铫）、茶壶、茶盏（杯）等。

第二步：选水。

明清茶人对水的讲究比唐宋有过之而无不及。明代，田艺衡撰《煮泉小品》，徐献忠撰《水品》，专书论水。明清茶书中，也多有择水、贮水、品泉、养水的内容。

第三步：取火。

张源《茶录》“火候”条载：“烹茶要旨，火候为先。炉火通红，茶瓢始上。扇起要轻疾，待有声稍稍重疾，新文武之候也。”

第四步：候汤。

《茶录》“汤辨”条载：“汤有三大辨十五辨。一日形辨，二日声辨，三日气辨。形为内辨，声为外辨，气为捷辨。如虾眼、蟹眼、鱼眼、连珠皆为萌汤，直至涌沸如腾波鼓浪，水气全消，方是纯熟；如初声、转声、振声、骤声皆为萌汤，直至无声，方是纯熟；如气浮一缕、二缕、三四缕，及缕乱不分，氤氲乱绕，皆是萌汤，直至气直冲贵，方是纯熟。”又“汤用老嫩”条称：“今时制茶，不假罗磨，全具元体，此汤须纯熟，元神始发。”

第五步：习茶。

1. 壶泡法。

据《茶录》《茶疏》《茶解》等记载，壶泡法的一般程序有：藏茶、洗茶、浴壶、泡茶（投茶、注汤）、涤盏、酾茶、品茶。

2. 撮泡法。

陈师撰于16世纪末的《茶考》记：“杭俗烹茶用细茗置茶瓯，以沸汤点之，名为‘撮泡’。”撮泡法简便，主要有涤盏、投茶、注汤、品茶。

3. 工夫茶。

工夫茶形成于清代，流行于广东、福建和台湾地区，是用小茶壶泡青茶（乌龙茶），主要程序有浴壶、投茶、出浴、淋壶、烫杯、酾茶、品茶等，又进一步分解为孟臣沐霖、马龙入宫、悬壶高中、春风拂面、重洗仙颜、若琛出浴、游山玩水、关公巡城、韩信点兵、鉴赏三色、喜闻幽香、品啜甘露、领悟神韵。

对泡茶道茶艺有贡献的，除张源、许次纾、程用宾、罗廪、冯可宾、冒襄外，还有陈继儒、徐渭、陆树声、张大复、周高起、张岱、袁枚、屠本俊、闻龙等。

（二）茶礼

中国茶道注重自然，不拘礼法，茶书对此多有省略。

（三）茶境

16世纪后期，陆树声撰《茶寮记》，其“煎茶七类”篇“茶候”条有“凉台静室、曲几明窗、僧寮道院、松风竹月”等。徐渭也撰有《煎茶七类》，内容与陆树声所撰相同。《徐文长秘集》又有：“品茶宜精舍、宜云林、宜寒宵兀坐、宜松风下、宜花鸟间、宜清流白云、宜绿鲜苍苔、宜素手汲泉、宜红装扫雪、宜船头吹火、宜竹里瓢烟。”

许次纾《茶疏》“饮时”条有：“明窗净几、风日晴和、轻阴微雨、小桥画舫、茂林修竹、课花责鸟、荷亭避暑、小院焚香、清幽寺院、名泉怪地石”等二十四宜。又“茶所”条记：“小斋之外，别置苛寮。高燥明爽，勿令闭寒。壁边列置两炉，炉以小雪洞覆之，止开一面，用省灰尘脱散。寮前置一几，以顿茶注、茶盂，为临时供具。别置一几，以顿他器。旁列一架，巾帨悬之……”

屠隆《茶说》“茶寮”条记：“构一斗室，相傍书斋，内设茶具，教一童子专主茶设，以供长日清谈，寒宵兀坐。幽人首务，不可少废者。”

张谦德《茶经》中也有“茶寮中当别贮净炭听用”“茶炉用铜铸，如古鼎形……置茶寮中乃不俗。”

明清茶人品茗修道尤其讲究环境，设计了专门供茶道用的茶室——茶寮，使茶事活动有了固定的场所。茶寮的发明、设计是明清茶人对茶道的一大贡献。

（四）修道

明清茶人继承了唐宋茶人的饮茶修道思想，创新不多。

泡茶道酝酿于元朝至明朝前期，正式形成于16世纪末叶的明朝后期，鼎盛于明朝后期至清朝前中期，衰于近代，复兴于20世纪后期。代表人物有张源、许次纾、程用宾、罗廪、冯可宾、冒襄、陈继儒、徐渭、田艺衡、徐献忠、张大复、张岱、袁枚等人。明清茶人对茶道的贡献，其一在于创立了泡茶茶艺，且有撮泡、壶泡和工夫茶三种形式；其二在于为茶道设计了专用的茶室——茶寮。茶寮，为明代茶人所独创的小室，是专门用来举行茶事活动的场所。幽静清雅的茶寮是文人生活的重要场合之一，在这里读书看画、品茗独坐、接友待客、长日清谈，也是小型雅集的聚会所。

茶寮外景

茶寮

中国先后产生的煎茶道、点茶道在中国本土早已消亡，唯有泡茶道尚存一线生机。唐宋元明清，中国的煎茶道、点茶道、泡茶道先后传入日本，经日本茶人的重新改易，发扬光大，形成了日本的“抹茶道”“煎茶道”。茶道发源于中国，光大于日本。

第三节　茶文化简介

文化是人类在社会历史发展过程中所创造的物质财富和精神财富的总和，特指社会意识形态。一定文化（当作观念形态的文化）是一定社会的政治和经济的反映，又影响和作用于一定社会的政治和经济，是推动社会向前发展的动力。

广义的文化，着眼于人类与一般动物，人类社会与自然界的本质区别，着眼于人类卓立于自然的独特的生存方式，其涵盖面非常广泛，所以又称大文化。狭义的文化指意识形态所创造的精神财富，包括宗教、信仰、风俗习惯、道德情操、学术思想、文学艺术、科学技术、各种制度等。狭义的文化，排除人类社会历史生活中关于物质创造活动及其结果的部分，专注于精神创造活动及其结果，主要是心态文化，又称小文化。英国文化学家泰勒在《原始文化》一书中提出了狭义文化的早期经典学说，即文化是包括知识、信仰、艺术、道德、法律、习俗和任何人作为一名社会成员而获得的能力和习惯在内的复杂整体。

茶文化从广义上讲，分茶的自然科学和茶的人文科学两个方面，是指人类社会历史实践过程中所创造的与茶有关的物质财富和精神财富的总和。从狭义上讲，其着重于茶的人文科学，主要指茶对精神和社会的功能。由于茶的自然科学已形成独立的体系，因而，现在常讲的茶文化偏重于人文科学。本书所涉及的茶文化、茶道，主要从狭义的文化方面进行探讨。

作为茶的故乡和茶文化的发源地，中国发现和利用茶已有四五千年历史。茶是中华民族的举国之饮，发于神农，闻于鲁周公，兴于唐朝，盛于宋代，普及于明清时期。中国茶文化糅合佛、儒、道诸派思想，独成一体，是中国文化中的一朵奇葩。茶融天、地、人于一体，“天下茶人是一家”展现了中国茶文化博大的胸襟。

据史料记载，早在西汉时期，四川一带饮茶、种茶已非常普遍，茶已成为当时重要的商品。到了唐朝，饮茶已盛行全国，茶文化开始形成。唐朝是我国封建社会的鼎盛时期，国家统一，交通发达，南北方、边疆与内地联系紧密，经济与文化往来频繁。良好的社会条件为饮茶的普及以及茶文化的发展与推广奠定了扎实的基础。

茶的利用最初是孕育于野生采集活动之中的。西汉时已有饮茶之事的正式文献记载，饮茶的起始时间则比这更早一些。茶以文化面貌出现，是在汉魏两晋南北朝时期。唐代是中国茶文化的形成期，是中国茶文化史上划时代的时期。五代至宋辽金，是茶文化的拓展期。自元代后，茶文化进入了曲折发展期。明代中期以后，精细的茶风再次出现，为其中坚者是清雅文人，文人的个性茶艺充分张扬，茶风则更趋纤弱。清末明初，中国多灾难，有志文人忧国忧民，已无雅兴和心情去悠闲品茶，中国传统茶文化的历史也因之完结。

本书以时间为主线，介绍了茶文化的孕育期、萌芽期、形成期、兴盛期、普及期以及现代茶文化的发展期。

一、茶文化的孕育期

很多书籍把茶的发现时间定为公元前2737—公元前2697年，其历史可推到三皇五帝。东汉华佗《食经》中："苦茶久食，益意思。"这记录了茶的医学价值。西汉已将茶的产地县命名为"茶陵"，即湖南的茶陵。三国魏代《广雅》中已最早记载了饼茶的制法和用法：荆巴间采叶作饼，叶老者饼成，以米膏出之。茶以物质形式出现，渗透至其他人文科学而形成茶文化。

二、晋代、南北朝茶文化的萌芽期

饮茶在我国有着源远流长的历史。我国是茶的原产地。据植物学家考证，地球上有茶树植物已有六七千万年历史，而茶的发现和利用至少也有数千年历史。茶有文化，是人类参与物质、精神创造活动的结果。据说在4000多年以前，我们的祖先就开始饮茶了。秦汉之际，起始于巴蜀地区，民间开始把茶当作饮料。东汉以后饮茶之风向江南一带发展，继而进入长江以北。至魏晋南北朝，饮茶的人渐渐多起来。

茶饮方法在经历含嚼吸汁、生煮羹饮阶段后，至魏晋南北朝时，开始进入烹煮饮用阶段。当时，饮茶的风尚和方式，主要有以茶品尝、以茶伴果而饮、茶宴、茶粥四种类型。这些都是茶进入文化领域的物质基础。

茶作为自然物质进入文化领域，是从它被当作饮料并发现其对精神有积极作用开始的。一般来说，作为严格意义上的文化，总是首先通过文化人和统治阶级倡导而形成的。当统治阶级和文化人把饮茶作为一种高级享受和精神力量，赋予它超出自然使用价值的精神价值后，茶文化才得以出现。这一过程起始于两晋时代。值得重视的是，茶文化一出现，就是作为一种健康、高雅的精神力量与两晋的奢侈之风相对抗。

魏晋南北朝茶开始进入文化精神领域，主要表现在以下三个方面。

一是出现以茶养廉示俭的一些范例。

两晋时代，“侈汰之害，甚于天灾”，奢侈荒淫的纵欲主义使世风日下，深为一些有识之士痛心疾首，于是出现了陆纳以茶为素业、桓温以茶替代酒宴、南齐世祖武皇帝以茶示俭等事例。陆纳、桓温等一批政治家提倡以茶养廉、示俭的本意在于纠正社会不良风气，这体现了当权者和有识之士的思想导向：以茶倡廉抗奢。其中最出名的就是陆纳以茶待客的故事。

陆纳（东晋）

东晋陆纳有廉名，任吴兴太守时，卓有声誉的卫将军谢安有一次去看他。对于这位贵客，陆纳不事铺张，只是清茶一碗，辅以鲜果招待而已。他的侄子非常不理解，以为叔父小气，有失面子，便擅自办了一大桌菜肴。

客人走后，陆纳让人揍了侄子40棍，边揍边说，你不能给叔父增半点光，还要来玷污我俭朴的家风。陆纳认为，客来待之以茶就是最好的礼节，同时又能显示自己的清廉之风。

另一则故事说的是刘琨用茶解除孤闷的事。当时晋室内讧，天下大乱，北方匈奴乘虚而入。刘琨眼见丧师失地，国无宁日，心中十分苦闷，唯常以喝茶解闷消愁。当时在北方边地坚守的刘琨曾在一封给他侄子南兖州刺史刘演的信中说，以前收到你寄来的安州干姜一斤、桂一斤、黄芩一斤，这些都是我所需要的。但是当我感到烦乱气闷之时，却常常要喝一些真正的好茶来消解，因此你可以给我买一些好茶寄来。

到了5世纪末期的南朝，齐国的齐武帝萧赜在他的遗诏中说，我死了以后，千万不要用牲畜来祭我，只要供上些糕饼、水果、茶、饭、酒和果脯就可以了。后人对此评价说是齐武帝慧眼识茶。从周武王到齐武帝，茶先后登上大雅之堂，被奉为祭品，可见人们对茶的精神与品格，早就有了认识。

二是茶开始进入宗教领域。

道家修炼气功要打坐、内省，茶对清醒头脑、舒通经络有一定作用，于是出现一些饮茶可羽化成仙的故事和传说。这些故事和传说在《续搜神记》《杂录》等书中均有记载。当时人们认为饮茶可养生、长寿，还能修仙。南北朝时佛教开始兴起。当时战乱不已，僧人倡导饮茶，也使饮茶有了佛教色彩，促进了"茶禅一味"思想的产生。

三是茶开始成为文化人赞颂、吟咏的对象。

魏晋时已有文人直接或间接地以诗文赞吟茗饮，如杜育的《荈赋》、孙楚的《出歌》、左思的《娇女诗》等。另外，文人名士既饮酒又喝茶，以茶助谈，开了清谈饮茶之风，出现一些文化名士饮茶的逸闻趣事。总之，魏晋南北朝时期，茶饮已被一些皇宫显贵和文人雅士看作是高雅的精神享受和表达志向的手段。虽说这一阶段还是茶文化的萌芽期，但已显示出其独特的魅力。

三、唐代茶文化的形成期

唐代是中国封建社会发展的顶峰，也是封建文化的顶峰。唐承袭汉魏六朝的传统，同时融合了各少数民族及外来文化精华，成为中国文化史上的辉煌时期。随着饮茶风尚的扩展，儒、道、佛三教思想的渗入，茶文化逐渐形成独立完整的体系。在唐代以前，我国已有 1000 多年饮茶历史。这就为唐代饮茶风气的形成奠定了坚实的基础。唐代中期，社会状况为饮茶风气的形成创造了十分有利的条件，饮茶之风很快吹遍全国，并开始传播域外。

随着茶业的发展和茶叶产量的增加，茶已不再是少数人所享用的珍品，而成了无异于米盐的为社会生活不可缺少的物品。所以陆羽在《茶经·六之饮》中说，茶已成为“比屋之饮”。

唐人上至达官显贵、王公朝士，下至僧侣道士、文人雅士、黎民百姓，几乎所有人都饮茶。唐中期以后的皇帝大多好茶，文人嗜茶者也众多，如大诗人白居易，他一生嗜茶，每天吃早茶、午茶、晚茶，自称“竟日何所为，或饮一瓯茶，或吟两句诗”。

《封氏闻见录》卷六《饮茶》中说：“自邹、齐、沧、埭、渐至京邑城市，多开店铺，煎茶卖之，不问道俗，投钱取饮。”民间还有茶亭、茶棚、茶房、茶轩和茶社等设施，供自己和众人饮茶。当时的茶肆已经开始十分普遍。

随着饮茶日趋普遍，人们待客以茶蔚然成风，并出现了一种新的宴请形式——“茶宴”。唐人把茶看作比钱更重要的上乘礼物馈赠亲友，寓深情与厚谊于茗中。

有些文人、僧侣将品茗与游玩茶山合而为一。有的文人从好饮、喜赏，进而深入观察、研究，总结种茶和制茶经验、品茗技艺的作品相继问世，代表性论著有陆羽的《茶经》、张又新的《煎茶水记》、温庭筠的《采茶录》等。

《茶经》是我国第一部较全面介绍唐代及唐代以前有关茶事的综合性茶业专著，全书详细论述了茶的历史和现状，从茶的源流、产地、制作、品饮等方面，总结了包括茶的自然属性和社会功能在内的一整套知识，又创造了包括茶艺、茶道在内的一系列的文化思想，基本上勾画出了茶文化的轮廓，是茶文化正式形成的重要标志。其概括了茶的自然和人文科学双重内容，探讨了饮茶艺术，把儒、道、佛三教融入饮茶中，首创中国茶道精神。唐代茶文化的形成与禅教的兴起有关，因茶有提神益思、生津止渴功能，故寺庙崇尚饮茶，在寺院周围植茶树，制定茶礼、设茶堂、选茶头，专呈茶事活动。在唐代形成的中国茶道分宫廷茶道、寺院茶礼、文人茶道。

唐代是中国饮茶史上和茶文化史上一个极其重要的历史阶段，是中国茶文化的形成时期，是茶文化历史上的一座里程碑。

唐代的饮茶方式和唐代的茶汤与我们今天的概念完全不同。唐代饮茶，是将茶饼切碎并碾成粉末，过“罗”（“罗”，就是筛子，“茶罗”是一种专门用来筛茶粉的茶具）后加入沸水中煮成糊状，同时还要往里加盐、葱、姜、橘皮、薄荷等，类似于“胡辣汤”。也难怪这种味道极怪、想象起来都让人觉得不堪下咽的“茶汤”能提神，能让人喝了不打瞌睡。

四、宋代茶文化的兴盛期

宋代茶文化的兴盛，推动了茶叶文化的发展，在文人中出现了专业品茶社团，有官员组成的“汤社”、佛教徒的“千人社”等。宋太祖赵匡胤是一位嗜茶之士，在宫廷中设立茶事机关，宫廷用茶已分等级。茶仪已成礼制，赐茶已成为皇帝笼络大臣、眷怀亲族的重要手段，还赐给国外使节。至于下层社会，茶文化更是生机活泼，有人迁徙，邻里要“献茶”，有客来，要敬“元宝茶”，订婚时要“下茶”，结婚时要“定茶”，同房时要“合茶”。民间斗茶风起，带来了采制烹点的一系列变化。

周顺恺斗茶图（当代）

五、明、清茶文化的普及期

由于茶类和新的生产技术的发展，明清茶叶生产方式和茶叶饮用方式发生了很大的变化，饮茶对人们生活观念的影响也越来越明显。明清时期的茶文化发展中，最引人注目的是茶叶冲泡方法的艺术性、茶具的独特性及茶馆的普及性。

（一）品饮方式的艺术性

明清时期品茶方式的更新和发展，突出表现在对饮茶艺术性的追求。明代兴起的饮茶冲瀹法，是基于散茶的兴起。散茶容易冲泡，冲饮方便，而且芽叶完整，大大增强了饮茶时的观赏效果。明代人在饮茶中，已经有意识地追求一种自然美和环境美。明人饮茶的艺术性，还表现在追求饮茶环境美，这种环境包括饮茶者的人数和自然环境。当时对饮茶的人数有"一人得神，二人得趣，三人得味，七八人是名施茶"之说；对于自然环境，则最好在清静的山林、俭朴的柴房、幽静的清溪，无喧闹嘈杂之声。

（二）追求饮茶的器具之美

明代散茶的兴起，引起冲泡法的改变，原来唐宋模式的茶具也不再适合了。茶壶被更广泛地应用于百姓茶饮生活中，茶盏也由黑釉瓷变成了白瓷和青花瓷，目的是为了更好地衬托茶的色彩。除白瓷和青瓷外，明代最为突出的茶具是宜兴的紫砂壶。紫砂茶具不仅因为瀹饮法而兴盛，其形制和材质，更迎合了当时社会所追求的平淡、端庄、质朴、自然、温厚、闲雅等的精神需要。紫砂壶的制造出现了许多名家，如时大彬、陈远鸣等，并形成了一定的流派，最终形成了一门独立的艺术。可以说，紫砂艺术的兴起，也是明代茶叶文化的一个丰硕果实。

清代以来，在我国南方的广东、福建等地盛行工夫茶，工夫茶的兴盛也带动了专门的饮茶器具的出现。如铫，是煎水用的水壶，以粤东白泥铫为主，小口瓮腹；茶炉，由细白泥制成，截筒形，高一尺二三寸；茶壶，以紫砂陶为佳，其形圆体扁腹，努嘴曲柄大者可以受水半斤；茶盏、茶盘多为青花瓷或白瓷，茶盏小如核桃，薄如蛋壳，甚为精美。

（三）茶馆的普及

明清之际，特别是清代，中国的茶馆作为一种平民式的饮茶场所，如雨后春笋，发展很迅速。清代是我国茶馆的鼎盛时期。据记载，在北京有名的茶馆就达 30 多座。清末，上海茶馆更多，达到 66 家。在乡镇，茶馆的发达也不亚于大城市，如江苏、浙江一带，有的全镇居民只有数千家，而茶馆可以达到百余家之多。

现代茶馆

茶馆是中国茶文化中的一个很引人注目的内容，清代茶馆的经营和功能特色有以下几种：饮茶场所、点心饮食兼饮茶、听书场所。再者，茶馆有时也充当“纠纷裁判场所”。邻里乡间发生了各种纠纷后，双方常常邀上主持公道的长者或中间人，至茶馆去评理以求圆满解决。如调解不成，也会有碗盏横飞，大打出手的时候，茶馆也会因此而面目全非。

综上所述，唐朝是以僧人、道士、文人为主的茶文化，而宋朝则进一步向上、向下拓展。宋朝人拓宽了茶文化的社会层面和文化形式，茶事十分兴旺，但茶艺走向繁复、琐碎、奢侈，失去了唐朝茶文化的思想精神。

元朝时，北方民族虽嗜茶，但对宋人烦琐的茶艺不耐烦。文人也无心以茶事表现自己的风流倜傥，而希望在茶中表现自己的清节，磨炼自己的意志。在茶文化中这两种思潮却暗暗契合，即茶艺简约，返璞归真。元朝到明朝中期的茶文化形式相近，一是茶艺简约化；二是茶文化精神与自然契合，以茶表现自己的苦节。晚明到清初，精细的茶文化再次出现，制茶、烹饮虽未回到宋人的烦琐，但茶风趋向纤弱，不少茶人甚至终生泡在茶里，出现了玩物丧志的倾向。

六、现代茶文化的发展期

2013 年第七届中国（深圳）国际茶业文化博览会

新中国成立后，我国茶叶从1949年年产7500吨发展到1998年年产60余万吨。茶物质财富的大量增加为我国茶文化的发展提供了坚实的基础。1982年，在杭州成立了第一个以弘扬茶文化为宗旨的社会团体——“茶人之家”，1983年湖北成立“陆羽茶文化研究会”，1990年“中华茶人联谊会”在北京成立，1993年“中国国际茶文化研究会”在杭州成立，1991年中国茶叶博物馆在杭州西湖正式开放。1998年中国国际和平茶文化交流馆建成。随着茶文化的兴起，各地茶艺馆越办越多。国际茶文化研讨会已开到第五届，吸引了日、韩、美及我国港台地区纷纷参加。各省、市及主要产茶县纷纷举办“茶叶节”，如福建武夷山的岩茶节、云南的普洱茶节，浙江新昌、泰顺，湖北英山，河南信阳的茶叶节不胜枚举，都以茶为载体，促进全面的经济贸易发展。

第十一届中国普洱茶节

第四节　茶文化与茶道

一、茶文化的内涵

《周易·乾·文言》曰：“终日乾乾，与时偕行。”世界是不断发展、变化的。历史的发展如此，茶文化的形成亦是如此。

茶文化是中国传统文化的重要组成部分。其以礼仪规范品茶的各个细节，讲究茶叶、茶水、火候、茶具、环境和饮者的修养与情绪等。

中国茶文化源远流长，蕴意丰厚。中国发现茶的时间很早，可以追溯到远古时代，然而何时开始饮茶，在茶学界尚无定论，有的说始于春秋，有的说始于秦朝，还有的说始于汉朝（多数人倾向此说）。但发现茶，开始饮茶，还不能说已产生了茶文化。茶以文化面貌出现，萌发于两晋、南北朝之际，正式形成于唐代。此后经过历代发展，不断地补充完善，才形成中国茶文化的整体格局。

中国最早喜爱茶、好饮茶者大多是文化人。如汉赋家司马相如和杨雄，就都是我国早期的著名茶人。反映到作品中，司马相如曾作《凡将篇》，从药物的用途谈到茶，杨雄曾作《方言》，从语言文字的角度谈到茶。晋代张载写的《登成都楼诗》云：“借问扬子舍，想见长卿庐”“芳茶冠六情，溢味播九区”。文化人喜爱茶，是茶走向文化领域的前奏，对于中国茶文化的形成具有重要意义。在两晋、南北朝时期，王公贵族聚敛成风，奢侈无度，连一般官吏乃至士人皆以夸豪斗富为荣。相反，一些对世风不满的有识之士，则提出了“养廉”的问题，出现了“以茶代酒”“以茶养廉”，以及清谈家们从好酒转向好茶的趋向，这在《茶经》《晋书》和《世说新语》中都有记载。这说明，当时饮茶已不仅仅是提神、解渴的手段，更变成了一种情操与精神的追求，从而使茶的文化功能和社会功能开始显露出来。

中国茶文化形成于唐代的原因：一是与唐代的佛教大发展有关；二是与唐代的科举制度有关；三是与唐代诗风大盛有关；四是与唐代贡茶的兴起有关；五是与中唐以后唐王朝禁酒措施有关。在唐代，可以说饮茶不仅已深入社会各阶层，还进一步与文人诗会、僧人修禅、朝廷文事、对外交流等联系起来。所有这些因素，都成为茶文化于此时正式形成的历史机缘。

从文化学的角度来看，茶在被应用过程中必然产生文化和社会现象。

茶在中国形成“茶文化”，与中国传统文化中的“天人合一”“师法自然”“五行协调”说有关，也和儒家的“情景合一”“中庸”“内省”的道理相吻合。茶有其独特的自然功能，如饮茶可以醒脑清神、益智健身，于是文人用以激发文思，道家用以修身养性，佛家用以解睡助禅。

茶文化的内涵其实就是中国文化内涵的一种具体表现，谈茶文化必须结合中国文化而论之。茶文化的精神内涵即是通过沏茶、赏茶、闻茶、饮茶、品茶等习惯和中国的文化内涵相结合形成的一种具有鲜明中国文化特征的文化现象，也可以说是一种礼节现象。

中国茶文化的主体是人，茶是作为人的客体而存在的，茶是为人而存在的。中国茶文化被称为美的哲学，有以下五个方面的原因：

第一，中国茶文化美学的根可溯源到先秦和魏晋南北朝，奠定中国古典美学理论基础的宗师是大哲学家。

第二，其理论基础源于一些哲学命题。

第三，中国茶文化美学在发展过程中主要吸收了佛、道、儒三教的哲学理论，并得益于大批思想家、哲学家的推动。

第四，中国茶文化美学强调的是天人合一，从小茶壶中探求宇宙玄机，从淡淡茶汤中品悟人生百味。

第五，中国茶文化美学从哲学的高度，广泛而深刻地影响着茶人的思维方式、审美情趣、艺术想象力及人格的形成。

总之，中国古典哲学中的美学理念“随风潜入夜，润物细无声”般地滋润着中国茶文化这朵奇葩。在中国茶文化中既有佛教圆通空灵之美，又有道教幽玄旷达之美及儒家文雅含蓄之美。

综上所述，有人得出如下结论：

中国茶文化的发展是自下而上的，故其发展的特点是在广度上，以求博大，并与儒家思想结下了不解之缘。可以说，把中国茶文化从儒家思想体系中剥离出来研究是不现实的，也正是基于这一点，并且由于中国文人的洒脱不羁，中国茶文化呈现出一种百花齐放、百家争鸣的状态。由于在中国文化中，“道”是非常神圣、非常严肃的，故中国对于茶，只是笼统地称为“茶文化”或“茶艺”，而不敢奢谈“茶道”。

二、茶的社会功能和茶文化的作用

翻开中华民族五千年文明史，几乎每一页都可以嗅到茶香。我国是一个多民族国家，由于各民族的地理环境不同，历史文化有别，生活习惯也会有差异，就是同一民族也有“千里不同风，百里不同俗”的现象。但是在饮茶、嗜茶方面却有共同的爱好，无论茶的饮用方法有什么不同，茶都是中华民族共同珍爱的。

中华民族在历史的长河中，不断改造自然创造物质财富的同时，也创造了光辉灿烂的文化，为世界人类的进步和发展作出了巨大的贡献，意义十分深远。茶文化是中华文化的一个重要组成部分，它的内涵极其丰富，包含着茶叶的生产消费及其对人的精神生活产生影响的各个方面。

茶文化的表现及存在形式，既有物质形态的，又有精神形态的。表现为物质形态的，诸如茶的历史文物、遗迹、茶书、茶画、各种名优茶、茶馆、茶具、茶歌舞和茶艺表演等；表现为精神形态的，诸如茶德、茶道精神、以茶待客、以茶养廉、以茶养性等。

由于茶文化的内涵极其丰富，既是物质的，又是精神的，因此中华茶文化在发展的过程中所发挥的社会功能和作用也必然是多方面的。传统的茶文化与人们社会生活的关系，向来就是非常密切的，无论是历史文人生活中的“琴、棋、书、画、酒、诗、茶”，还是平民百姓生活中的“柴、米、油、盐、酱、醋、茶”，茶都是不可缺少的。茶文化发展至现代，茶的社会功能更加突出，归纳其重要方面大致有21项：以茶会友、以茶联谊、以茶示礼、以茶代酒、以茶倡廉、以茶表德、以茶为模、以茶养性、以茶为媒、以茶祭祀 、以茶作禅、以茶作诗、以茶作画、以茶歌舞、以茶献艺、以茶旅游、以茶做菜、以茶为食、以茶设宴、以茶健身、以茶制药。

1. 以茶会友：客来敬茶向来是中华民族的优良传统。朋友相见，饮茶叙事，亲切祥和。

2. 以茶联谊：各种联谊活动，采用茶话会的形式，既庄重又生动活泼。

3. 以茶示礼：亲友相见、人际交往，不论是庄重的高级会谈，还是重要会议，每人清茶一杯，显示出一种尊敬的礼仪。现代社会以茶为礼品者显得高尚。

4. 以茶代酒：从古至今，以茶代酒者不乏其人，现代人际交往，提倡以茶代酒，实在是高尚之举。

5. 以茶倡廉：清茶一杯，以示清正廉洁，是反对铺张浪费，提倡清廉的重要举措。

6. 以茶表德：日本千利休提出的茶道精神是“和、敬、清、寂”，中国当代茶人、著名茶学专家庄晚芳先生提倡的中国茶德是“廉、美、和、敬”。

7. 以茶为模：以茶的奉献精神为模，倡导做一个正直清廉的“茶人”。

8. 以茶养性：从古至今，不少文人雅士都提倡以茶修身养性，提高人们的道德水准。

9. 以茶为媒：中国历史上茶与婚姻关系密切，以茶联姻、婚嫁用茶的传统流传至今已成习俗。

10. 以茶祭祀：中国民间的丧祭活动，很多仍流传用茶作祭品的习惯。

11. 以茶作禅：自古就有“茶禅一味”之说，寺院茶道的禅茶、普茶、施茶等都是以茶悟道的重要仪式。

12. 以茶作诗：历代诗人作茶诗者很多，内容广泛，形式多样。

13. 以茶作画：历代描绘茶会、烹茶、饮茶等内容的书画较多，艺术价值较高。

14. 以茶歌舞：表现采茶、饮茶等内容的歌舞较多，生动活泼。

15. 以茶献艺：各种流派的茶艺表演具有欣赏价值，不少地区、民族的饮茶习俗，艺术化以后，具有较强的感染力。

16. 以茶旅游：茶乡旅游是现代旅游业中的特色旅游项目，游名山、观名寺、饮名茶三位一体，很受欢迎。

17. 以茶做菜：很多少数民族地区都有以鲜茶做菜的习俗，茶文化活动频繁之地，以茶作菜的菜谱也是丰富多彩的。

18. 以茶为食：将茶添加于食品饮料中食用，逐渐流行起来，茶叶口香糖、茶叶蛋糕、茶叶面条、茶酒等都已被人们接受。

19. 以茶设宴：各地的早茶、夜茶，以饮茶与吃小点心结合的方式，受到普遍欢迎。

20. 以茶健身：茶对人体健康具有多种功效，饮茶健身是很多饮茶爱好者的切身体会。

21. 以茶制药：将茶叶中具有药效功能的物质分离提取出来，制成防病治病的药物，这是茶对人类健康的新贡献。

综合上述茶的主要社会功能，可以认为，茶对社会生活和社会发展的影响是很大的，其影响归纳起来有如下几点：

1. 以茶会友，以茶联谊，客来敬茶，以茶示礼，进一步增进友谊，调节社会人际关系。

2. 以茶代酒、以茶倡廉，提倡茶德和茶人精神，以茶养性，能提高人们的思想水平，促进社会的精神文明建设。

3. 经茶主媒、以茶祭祀、茶禅结合，发挥茶的媒介作用和精神寄托作用。

4. 以茶作诗、作画，以茶歌舞，经茶献艺，茶乡旅游，倡导高雅的艺术享受，美化人们的生活。

5. 经茶做菜，以茶为食，以茶设宴，提倡茶为国饮，丰富人们的饮食生活。

6. 饮茶健身，以茶制药，发挥茶的保健功效，提高人们的健康水平。

7. 弘扬茶文化，促进社会进步。

中华茶文化博大精深，充分发挥它的功能与作用，必将促进茶业事业的发展，促进人类的文明与进步，对社会发展作出积极的贡献。

茶文化对现代社会的作用主要有以下五个方面：

1. 茶文化以德为中心，重视人的群体价值，倡导无私奉献，反对见利忘义和唯利是图。主张义重于利，注重协调人与人之间的相互关系，提倡尊敬他人，重视修身养德，有利于人的心态平衡，解决现代人的精神困惑，提高人的文化素质。

2. 茶文化是应对人生挑战的益友。在激烈的社会竞争、市场竞争下，紧张的工作、应酬、复杂的人际关系，以及各类依附在人们身上的压力不轻。参与茶文化，可以使精神和身心得以放松，以应对人生的挑战，中国香港地区茶楼的这个作用十分显著。

3. 有利于社区文明建设。经济上去了，但文化不能落后，社会风气不能污浊，道德不能沦丧。改革开放后，茶文化的传播表明，茶文化是有改变社会不正当消费活动、创建精神文明、促进社会进步等作用的。

4. 对提高人们生活质量，丰富文化生活的作用明显。茶文化具有知识性、趣味性和康乐性，品尝名茶、茶点，观看茶俗、茶艺，都给人一种美的享受。

5. 促进开放，推进国际文化交流。茶文化在国际间的频繁交流，使其成为人类文明共同的精神财富。

三、茶道的内涵

茶道精神是茶文化的核心，是茶文化的灵魂，是以求味和心的最高享受。这一切的背后潜藏着微妙的哲学。

中国人视“道”为体系完整的思想学说，宇宙、人生的法则、规律，所以，中国人不轻易言“道”。日本则不同，在日本，茶有茶道，花有花道，香有香道，剑有剑道，就连摔跤、搏击也有柔道、跆拳道等。而在中国，饮食、玩乐活动中，能升华为“道”的只有茶道。

茶道属于东方文化。东方文化与西方文化的不同在于，西方文化是确定的、直观的，东方文化往往没有一个科学的、准确的定义，而是靠个人凭借自己的悟性去贴近它、理解它。我国早在唐代就有了“茶道”之说，“茶道”一词从唐代至今已一千多年，但至今《新华辞典》《辞海》《词源》等工具书中均无此词条。

《周易·系辞》中“立象以尽意”，强调了规范之美。人体本身就是规范之美的典范。人体的规范之美也即生命之美。它是天生的、自然的，契合天道。人体的这种“存在”，制约着人的生存意识，“道”就是诸多生存意识的综合体现。因此，世“道”都在力求最大限度地调节与利用自然力以为生命之美服务。形成于唐代的中国茶道，究其实质，便是生命之美的一种延伸。

唐朝的统一和强盛，造就了其兼容并蓄的文化胸襟、气度恢宏的文化心态、宽松开明的文化氛围，令中国人重新树立起对自身的信仰，认定生命的价值，并由此而频频催生出文化创造的饥渴与激情，为活得更加和谐美好而尽心尽力。就在这样特定的时代背景中，以追求生活美好和谐为目标的“中国茶道”应运而生。

《封氏闻见记·卷六》载：南人好茶饮。开元年间，北方人也饮茶成风，流行“多开店铺，煎茶卖之。不问道俗，投钱取饮”。南方为主要产茶区，因应消费之需，茶叶产量已相当可观。北方之茶，“其茶自江淮而来，舟车相继，所在山积，色额甚多”。在饮茶成风的时势熏陶下，陆羽综合茶事，“为茶论，说茶之功效，并煎茶、炙茶之法，造茶具二十四事，以都统笼贮之。远近倾慕，好事者家藏一副”。紧接着，时人常伯熊对陆羽论著加以阐释补充，使其广为传播，“于是茶道大行”。诗僧皎然的《饮茶歌诮崔石使君》诗也发出了相同的感慨：“孰知茶道全尔真，唯有丹丘得如此。”

封氏所记，说明了茶道之大行，具备着文化生长的生态环境（其中重要的一项便是开明宽容的文化政策）；茶道之形成，显示出民性善根、民间智慧得到尽情发挥的时代气魄。随着茶文化的多元扩展与深化，中国茶道的哲学思想基础便明朗了：茶道即人道。

按照陈香白先生的说法，中国茶道的义理有七，即“茶艺”“茶德”“茶理”“茶情”“茶礼”“茶学说”“茶导引”。中国茶道的核心是“和”。概称为“中国茶道之七义一心”。这“七义一心”便是中国茶道的规范之美，是“立七义一心以尽道”。天道动，茶道也动。人类对和谐美好生活的追求从未停息，因而个体内在心灵向自然复归的求善愿望也永无止境。“立象以尽意”的延展，必定是“忘象以尽意”。那么，“立七义一心以尽道”，终机当为“忘七义一心以尽道”，这才是中国茶道“和”的最高境界。彼时，茶道美与生命美融为一体，茶道规范变成行为规范，达到“百姓日用而不知”的境界。此处所谓的“不知”，意指茶道之践履，处处契合自然，没有勉强，恰似先天本能的流露。这种“行为自然”与“天道自然”的贯通一致，实乃最高境界的“天人合一”，即最高境界的“和”，它是由鼎盛国势的活力孕育出来的具备中国早期恢宏气概的“和”。这才是中国茶道的真、善、美。

“儒、释、道”三家文化构成中国茶道的主体。其总体基调高雅深沉、博大精深。其共同特征是和谐宁静、淡泊旷达、养生清思、讲礼仪。其个性特征是儒家积极入世，道家避世超尘，佛家讲“苦寂”与“顿悟”。

四、茶艺、茶道与茶德

（一）茶艺

“茶艺”一词最早出现于20世纪70年代的台湾地区。当台湾地区出现茶文化复兴浪潮之后，于1978年酝酿成立有关茶文化组织的时候，接受台湾民俗学会理事长娄子匡教授的建议，使用“茶艺”一词，成立了“台北市茶艺协会”“高雄市茶艺学会”。1982年又成立了“中华茶艺协会”。

茶艺

随着茶艺馆如雨后春笋般涌现，“茶艺”一词被广泛接受，而且也传播至港澳地区和内地。至于为什么要称“茶艺”，台湾地区茶文化专家范增平先生在第二届国际茶文化研讨会上宣读的《茶文化的传播对现代台湾社会的影响》一文中指出：当时为了弘扬茶文化、推广品饮茗茶的民俗，有人提出使用“茶道”一词。但是有人认为“茶道”虽然中国自古已有之，却已为日本使用于前。另一个顾虑是怕提出“茶道”过于严肃，中国人认为“道”特别庄重，比较高高在上，而要民众很快就普遍接受可能不容易，于是提出“茶艺”这个词。经过一番讨论，大家同意才定案。“茶艺”就这么产生了。

然而，关于何为茶艺，各家的解释还是见仁见智，并无统一而明确的定义。如台湾地区茶艺专家季野先生认为：“茶艺是以茶为主体，将艺术溶于生活以丰富生活的一种人文主张，其目的在于生活而不在于茶。”范增平先生认为：“茶艺包括两方面，科学和人文的，也就是，技艺，科学地泡好一壶茶的技术；艺术，美妙地品享一杯茶的方式。中国茶艺之美是属于心灵美，欣赏茶艺，是要把自我投入整个过程当中来观察整体。”台湾地区茶艺专家蔡荣章先生认为：“‘茶艺’是针对饮茶的艺术而言……讲究茶叶的品质、冲泡的技艺、茶具的玩赏、品茗的环境以及人际间的关系，那就广泛地深入‘茶艺’的境界了。”蔡荣章先生还认为：“茶叶的冲泡过程不只是把茶叶的品质完美发挥的技艺，本身也是一种发展个性的表演艺术。借着泡茶、品茗的过程，因为必须专心才能将茶泡好，才可以体会茶的境界，而且要有秩序方能表现美感与主客良好的关系，结果达到了修身养性与敦睦人伦的社教功能。”北京的茶文化专家王玲教授认为：“茶艺和茶道精神，是中国茶文化的核心。

我们这里所说的‘艺’，是指制茶、烹茶、品茶等艺茶之术；我们这里所说的‘道’，是指艺茶的过程中所贯彻的精神。”陕西作家丁文先生认为：“茶艺是指制茶、烹茶、饮茶的技术，技术达到炉火纯青便成一门艺术”“茶艺是茶道最重要的组成部分”。浙江湖州的茶文化专家寇丹先生在综合各家学说之后，认为茶艺也有广义和狭义之分：“广义的茶艺是研究茶叶的生产、制造、经营、饮用的方法和探讨茶叶的原理、原则，以达到物质和精神全面满足的学问。狭义的茶艺是如何泡好一壶茶的技艺和如何享受一杯茶的艺术。”

按狭义的定义来理解，通俗地说，茶艺就是泡茶的技艺和品茶的艺术。其中又以泡茶的技艺为主体，因为只有泡好茶之后才谈得上品茶。而泡茶又不仅仅是一个技术问题，正如丁文先生所说，技术达到炉火纯青的地步便成为一门艺术。

因此，我们不但要科学地泡好一壶茶，还要艺术地泡好一壶茶。也就是说，不仅要掌握茶叶鉴别、火候、水温、冲泡时间、动作规范等技术问题，还要注意冲泡者在整个操作过程中的艺术美感问题，“欣赏茶艺的沏泡技艺，应该给人以一种美的享受，包括境美、水美、器美、茶美和艺美”“茶的沏泡艺术之美表现为仪表的美与心灵的美。仪表的美是指沏泡者的外表，包括容貌、姿态、风度等；心灵的美是指沏泡者的内心、精神、思想等，通过沏泡者的动作和眼神表达出来”。诚如蔡荣章先生所说，茶叶冲泡过程“本身也是一种表演艺术”。

如果茶艺馆的从业人员了解这一点，就不会将自己等同于一般饮食服务员，而是将本职工作看成一项普及茶文化知识、充满诗情画意的艺术活动，一项很有意义的社会工作。

茶艺

茶艺，是技艺，是科学地泡好一壶茶的技术；是艺术，是美妙地品享一杯茶的方式。茶艺流程讲究礼貌待人、款款有序、协作细腻优美、富有茶的神韵，使人们在品茶过程中得到美的享受。

茶艺之本（纯）：茶性之纯正，茶主之纯心，化茶友之净纯。

茶艺之韵（雅）：沏茶之细致，协作之优美，茶局之典雅，展茶艺之神韵。

茶艺之德（礼）：感恩于自然，敬重于茶农，诚待于茶客，联茶友之情谊。

茶艺之道（和）：人与人之和睦，人与茶、人与自然之和谐，系心灵之挚爱。

茶艺传达的是纯、雅、礼、和的茶道精神理念，传播的是人与自然的交融，启发人们走向更高层次的生活境界。

（二）茶道

“茶道”是一种以茶为媒的生活礼仪，也被认为是修身养性的一种方式，它通过沏茶、赏茶、饮茶以增进友谊，美心修德，学习礼法。其具体包括品茶环境、茶叶选择、水质鉴定、茶具选用、茶艺人才选拔、茶艺音乐等。茶道是茶文化的核心。

茶道包括两个内容：一是备茶品饮之道，即备茶的技艺、规范的品饮方法；二是思想内涵，即通过饮茶陶冶情操、修身养性，把思想升华到富有哲理的境界。也可以说是在一定社会条件下把当时所倡导的道德和行为规范寓于饮茶的活动之中。

中国茶道，可以认为是饮茶之道，可以认为是饮茶修道，也可以认为是饮茶即道。

1. 中国茶道：饮茶之道。

陆羽著《茶经》三卷，分一之源、二之具、三之造、四之器、五之煮、六之饮、七之事、八之出、九之略、十之图十章。倡导的“饮茶之道”实际上是一种艺术的饮茶。中国茶道即“饮茶之道”，即是饮茶艺术。

宋代蔡襄的《茶录》、宋徽宗赵佶的《大观茶论》、明代朱权的《茶谱》、钱椿年的《茶谱》、张源的《茶录》、许次纾的《茶疏》等茶书关于“饮茶之道”都有许多记载。广东潮汕地区、福建武夷地区的“工夫茶”则是中国古代“饮茶之道”的继承和代表。

2. 中国茶道：饮茶修道。

唐代诗人钱起《与赵莒茶宴》诗曰：“竹下忘言对紫茶，全胜羽客醉流霞。尘心洗尽兴难尽，一树蝉声片影斜。”

温庭筠《西陵道士茶歌》诗中则有：“疏香皓齿有余味，更觉鹤心通杳冥。”

赵佶《大观茶论》说茶：“祛襟涤滞，致清导和。”“冲淡闲洁，韵高致静。”

3. 中国茶道：饮茶即道 。

老子认为：“道法自然。”庄子认为“道”，“无所不在”“无逃乎物”。

马祖道一禅师主张“平常心是道”，道不离于日常生活：修道不必于日用平常之事外用功夫，只需于日常生活中无心而为，顺其自然。自然地生活，自然地做事，运水搬柴，穿衣吃饭，涤器煮水，煎茶饮茶，道在其中，不修而修。茶禅一味，道就寓于吃茶的日常生活之中，道不用修，吃茶即修道。当代佛学大师赵朴初先生诗曰：“空持百千偈，不如吃茶去。”

道法自然，修道在饮茶。大道至简，烧水煎茶，无非是道。

饮茶即道，是修道的结果，是悟道后的智慧，是人生的最高境界，是中国茶道的终极追求。要饮则饮，从心所欲。不要拘泥于饮茶的程序、礼法、规则，贵在朴素、简单，于自然的饮茶之中默契天真，妙合大道。

4. 中国茶道：艺、修、道的结合。

饮茶之道是基础，饮茶修道是目的，饮茶即道是根本。

饮茶之道，重在审美艺术性；饮茶修道，重在道德实践性；饮茶即道，重在宗教哲理性。中国茶道集宗教、哲学、美学、道德、艺术于一体，是艺术、修行、达道的结合。

中国茶道是饮茶的艺术，也是生活的艺术，更是人生的艺术

王玲教授指出：“茶艺与茶道精神，是中国茶文化的核心。”我们这里所说的“艺”，是指制茶、烹茶、品茶等艺茶之术；我们这里所说的“道”，是指艺茶过程中所贯彻的精神。有道而无艺，那是空洞的理论；有艺而无道，艺则无精、无神……茶艺，有名，有形，是茶文化的外在表现形式；茶道，就是精神、道理、规律、本源与本质，它经常是看不见、摸不着的，但却完全可以通过心灵去体会。

茶艺与茶道结合，艺中有道，道中有艺，是物质与精神高度统一的结果。蔡荣章先生也认为：“如要强调有形的动作部分，则使用‘茶艺’，强调

茶引发的思想与美感境界，则使用‘茶道’”“指导‘茶艺’的理念，就是‘茶道’”。

（三）茶德

茶德就是在操作茶艺过程中所追求、体现的精神境界和道德风尚，经常是和人生处世哲学结合起来，成为茶人的行为准则。

庄晚芳教授主张“发扬茶德，妥用茶艺，为茶人修养之道”。他提出中国的茶德应是“廉、美、和、敬”，并加以解释：廉俭有德，美真康乐，和诚处世，敬爱为人。

具体内容为：

廉——推行清廉、勤俭有德。以茶敬客，以茶代酒，减少“洋饮”，节约外汇。

美——名品为主，共尝美味，共闻清香，共叙友情，康起长寿。

和——德重茶礼，和诚相处，搞好人际关系。

敬——敬人爱民，助人为乐，器净水甘。

陈香白先生认为：“中国茶道就是通过茶事过程引导个体走向完成品德修养以实现全人类和谐安乐之道。”不过，以这样的高度来要求茶人毕竟过于严格和空乏，常人不易掌握，一些茶艺大家和专家们便以精练的哲理语言加以概括，提出许多茶道的基本精神，使所有茶人易于理解和便于操作。这些基本精神就是饮茶的道德要求，亦称为茶德。早在唐代，陆羽在《茶经·一之源》中就指出：“茶之为用，味至寒，为饮最宜精行俭德之人。”即饮茶者应是注意操行，具有俭朴美德之人，陆羽已经对饮茶者提出品德要求，喝茶已不再是单纯地满足生理需要的解渴了。唐末刘贞亮提倡茶有十德：“以茶散郁气，以茶驱睡气，以茶养生气，以茶除病气，以茶利礼仁，以茶表敬意，以茶尝滋味，以茶可行道，以茶可雅志。”“饮茶使人恭敬，有礼、仁爱、志雅，可行大道。”可见，早在唐代就已经喝茶有道了。可以将刘贞亮提出的茶德视为对诗人皎然《饮茶歌诮崔石使君》诗“三饮便得道”和“孰知茶道全尔真”句中“道”和“茶道”的诠释和充实。

茶道的构成

第一节　茶道的法则

茶道要遵循一定的法则。唐代为克服九难，即造、别、器、火、水、炙、末、煮、饮。宋代为“三点”与“三不点”品茶，“三点”为新茶、甘泉、洁器为一，天气好为一，风流儒雅、气味相投的佳客为一；反之，是为“三不点”。明代为十三宜与七禁忌。“十三宜”为一无事、二佳客、三幽坐、四吟咏、五挥翰、六徜徉、七睡起、八宿醒、九清供、十精舍、十一会心、十二鉴赏、十三文僮；“七禁忌”为一不如法、二恶具、三主客不韵、四冠裳苛礼、五荤肴杂味、六忙冗、七壁间案头多恶趣。

陆羽在《茶经·六之饮》中说：“茶有九难，一曰造，二曰别，三曰器，四曰火，五曰水，六曰炙，七曰末，八曰煮，九曰饮。”从茶叶的采摘到最后的品饮，这九道程序，每一步都不容易。

一、九难

（一）第一难——造

“造”，即茶叶的采摘、制造。

采摘上，陆羽认为合适的时间应在农历二至四月间，所采选的应是那些山崖石间杂有乱石之地生长出的茶叶，而且芽头要壮如春笋。采茶时，还需要把握：下雨天气不能采，天晴有云不能采，要等到天晴且温度舒适的时候采摘。在制茶这一点上，采完的茶，要立刻蒸青，接着捣碎，然后拍打成形，最后焙干、穿扎、封装。其中的关键是要选择好的芽头，制茶时间尽量在当日白天，蒸捣均匀、拍压紧密等。只有把所有这些方面都认真做好，制出的茶，才能称作好茶。

陆羽所谓的“造”，是以蒸青工艺为基础制作的饼茶。这种形式的茶，在中唐时期，是我国成茶的主要形式。

（二）第二难——别

“别”，是对饼茶的鉴别。

陆羽认为，成品茶要多方面综合评判，才能确定其品质的优劣。譬如，茶饼表面不光滑，原因是茶汁未被压出来；茶叶色泽呈黑色，是因为制茶时间较长，延伸到了夜里（当日白天制成的茶叶应该呈黄绿色）；还有，茶饼表面凹凸不平，是因为鲜叶蒸得不软、不熟，拍压不紧；茶块形状不成形，是因为用了粗老、劣质的原料。陆羽意在告诉人们：茶叶的加工、制作过程，直接决定成茶的品质；只有严格按照标准、要求行事，才可能制出好茶。

“一造、二别”，虽为两论，实则一体而且互为补充，均是讲制茶的重要性。

（三）第三难——器

“器”，指煮茶的器具。

陆羽对茶器进行了规范和发展。他规定煮茶的器具，应有风炉、筥、炭挝、火筴、鍑、夹、纸囊、碾、罗合、则、水方、漉水囊、瓢、竹荚、鹾簋、熟盂、碗、畚、札、涤方、滓方、巾、具列、都篮共计二十四件。每一件器具都缺一不可，比如炙烤茶饼用到风炉、火筴，碾碎茶饼用到碾，过筛茶末用到罗合，煎煮茶汤用到鍑、竹荚，装熟汤用到熟盂，饮茶用到碗等。陆羽指出，器具若沾染了膻味、异味，则不可使用。讲究器具的完备，讲究每一件器具的功用，在陆羽看来，非常重要。他甚至说，对于城里的那些王公贵族，若二十四器任缺一件，就算不得真正的品茶，也就不是真正的茶人了。

当然，陆羽此说也并非绝对。在《茶经·九之略》中，他特别说明，使用器具也要因地制宜、因势而异，如在山野之地条件不许可，则是可以相应省略部分器具的。

（四）第四难——火

“火”，是烤茶饼用的柴火。

陆羽那个时代，茶饼要先用火烤热，以便碾碎后使用。烤茶用的材料要讲究：那些含有油脂的木材，如柏树、桂树、桧树之类，还有朽坏了的木材，都不能用来烤茶。所以古人有“劳薪之味”的说法。陆羽以为，用未染有腥味的木炭烤茶为佳，其次是用火力较猛的木材，如桑树、槐树、桐树、栎树等都可以。

强调用合适的柴火，是为了避免异味染上茶饼，以致最终损坏茶汤品质。

（五）第五难——水

“水”，即煮茶的水质。

陆羽以人们常用的自然界的水为例，指出它们的优劣：“其水，用山水上，江水中，井水下。”他进一步强调：山水，选择乳泉或石池里流动缓慢的水最好；那些山谷溪涧中激流汹涌的水，或山谷中虽很清但不流动的水（这种水会有虫蛇与腐败草木之毒潜浸在里面），如饮用会使颈部生疾。江中水，要取用离人烟较远之处的水。陆羽认为井水最差。如非要取用，也要到经常使用的井中汲取，活水胜于死水。

陆羽强调水的品质，是因为它直接影响到茶汤的品质，所谓“水为茶之母”。讲究饮茶者，不仅要茶好，还要水好。八分之茶遇十分之水，茶亦十分；八分之水，试十分之茶，茶只八分。在现代，这些已是常识。

（六）第六难——炙

“炙”，即茶饼的烤炙。

陆羽说，炙烤茶饼首先要考虑环境因素，不要在有大风的地方烤，这样会使火焰骤急，飘忽不定，致茶饼冷热不均；要靠近火烤，同时不断翻动，等到茶饼表面烤出的疙瘩伸展开来，散发茶香为止。做到内外熟透，这种炙法才是得当的。若不在无风的环境中均匀炙烤，茶饼或夹生不熟，或香气不能全发，势必导致碾磨的困难和影响茶汤的色、香、味。所以在陆羽看来，不论自然环境，还是炙烤的方法，都不可随意而为。

（七）第七难——末

“末”，即茶末的碾碎。

炙烤完的茶，冷却后，就要放入碾槽内，用碾轮碾碎。陆羽认为，要碾出好的茶末，力要巧。好的茶末要像细米粒；不好的，样子像菱角皮或粉尘。为保证茶末精细，需将茶末过筛。这样煮出的茶汤口感甚佳。

这就如同我们吃饭所用的米，糙米的口感是粗糙的，精米的口感是滑腻的。而口感在品饮中的重要性，恰恰是非常关键的。

（八）第八难——煮

“煮”，即茶汤的煎煮。

关于这一点，陆羽说得很详细。他说，准备工作首先要完备，茶具、水样、茶末，都要严格按标准备好，待火候得当后，便可煎煮。

关于煎煮茶汤，陆羽说，将水煮沸，出现像鱼眼大的气泡，并微有声，为一沸，这个时候要加入适量的食盐调味，必要时舀出一点尝尝味道。继续煮，当水边缘连珠般的气泡向上冒时，为二沸，先舀出一瓢备用，用竹荚环搅水汤中心，并取一定量茶末于沸水中心投下。不多一会儿，茶汤就沸腾起许多茶沫，这时用先前备用的水浇进去，以制止其沸腾，使其生成精华。他还告诫，切不可等水煮老了投茶末，也不要在煮茶时在锅内急促、慌乱地搅动，否则便不算是会煮茶。

由此可见，煮茶时，水开的程度、茶末的投放、茶汤有效的生成，均需视势而行，只有拿捏好了分寸，最后才有可能煮出好的茶汤来。

（九）九难——饮

“饮”，即茶汤的品饮。

陆羽认为不能把茶仅仅当作解渴的饮料，须细细品饮，体会它的精妙之处。陆羽告诉人们饮茶的正确方法是：要热饮。煮好的茶汤香气浓郁，滋味醇厚鲜爽，回味甘甜，热饮时会喝到浮在茶汤上面的精华；冷了再喝，茶的精华会随热气散发掉。陆羽认为一年四季都饮茶的人，才能算真正的饮茶人。

陆羽实际上是提醒人们不要光看到茶的生理作用，更要注重它给予人的精神享受。这种享受，应该在长期持续不断的品饮里去获取。联系到他倡导的“精行俭德”，我们应该不难理解他关于“饮”的阐述。

从“造”难到“饮”难，九难之难，难在用心。所以，对于真正的茶人来说，懂得并尽心地做好这些，才会体会到每一杯茶的美妙与香甜，才会有益于其自身身心的“行”与“德”。

二、“三点”与“三不点”

天清和煦，新茶初出，器具维新，加上雅客，自然而成三点。

宋代品茶有其基本讲究，叫“三不点”，见于胡仔《苕溪渔隐丛话》，具体内容没有记载。但欧阳修《尝新茶》诗，记他以新茶来招待客人时说：“泉甘器洁天色好，坐中拣择客亦佳。”新茶、甘泉、洁器（茶具）为一，天气佳为一，风流儒雅的茶客为一，是为“三”。反之，茶不新、泉不甘、器不洁为“一不”，景色不好为“一不”，品茶者缺乏教养又为“一不”，是为“三不”。苏轼有一次在西塔寺品茶，有诗记曰：“禅窗丽午景，蜀井出冰雪，坐客皆可人，鼎器手自洁。”首句云品茶环境，在花木深处的禅房窗下，窗外是风和日丽的艳阳天；次句云茶好器洁并有甘冽的井水；再云品茶者不俗而甚可人意。由此看来，“三点”“三不点”讲的是饮茶的环境、饮茶的器具和材料、饮茶者的修养，只有三者皆好，饮茶方为品茶，方为艺术。

三、“十三宜”与“七禁忌”

明代对品茶提出了更严格的要求。冯可宾在《茶笺》提出了品茶的“十三宜”和“七禁忌”。

所谓“十三宜”：一“无事”，有品茶的时间，“神怡务闲”；二“佳客”，审美者趣味高尚，能领略茶中“三昧”；三“幽坐”，心地安适，得其乐趣；四“吟咏”，以诗助茶兴，以茶发诗思，诗茶互促；五“挥翰”，以茶助书，泼墨挥洒；六“徜徉”，庭院小径，花前月下，信步闲行，时啜佳茗，幽趣无穷；七“睡起”，酣梦醒来，吸之啜之，神清气爽；八“宿醒”，宿醉未醒，茶能破之；九“清供”，有清淡茶果，以佐品啜；十“精舍”，在清洁雅致的茶室中，品茶有空灵出世的气氛；十一“会心”，自然而然，心不二用，使茶功德圆满；十二“赏鉴”，把茶的色、香、味当艺术品来欣赏、鉴别；十三“文僮”，有伶俐清秀的茶僮，以供茶役。这是讲有利于品茶的机缘，实际上也是指品茶的审美条件和审美兴趣，品茶之所以成为艺术，正赖此“十三宜”。

另外，又有“七禁忌”：一“不如法”，烹点不得法；二“恶具”，茶具不洁；三“主客不韵”，主客没有清韵，不够格品茶；四“冠裳苛礼”，官场上的应酬，一片虚伪；五“荤肴杂陈”，一染腥膻，茶味俱失；六“忙冗”，根本无时品茶；七“案头壁间多恶趣”，环境很糟，败坏茶兴。这七点又从反面说明了品茶艺术的条件。

就其实质而言，“三点”“三不点”和“十三宜”“七禁忌”，都是说明品茶之“品”的要求，它不是饮茶，饮茶意在解渴，品茶在得其情趣。陈继儒说：“一人得神，二人得趣，三人得味，七八人是名施茶。”（《岩栖幽事》）一人自煎自品，最能品得茶的神韵，二人尚能得茶之趣，三人就只能知道个茶味，至于七八人，就成了供解渴的施茶所了。现代作家林语堂，在谈到品茶的十大技术要求时，也特别强调客“不可多，且须文雅之人”。

第二节　茶道的构成

一、茶艺

中国茶道，就其构成要素来说，有环境、礼法、茶艺、修行四大要素。

“茶艺”的狭义定义为“研究如何泡好一壶茶的技艺与如何享受一杯茶的艺术”。有人说这里所指的“艺术”并不是指茶道美学，而只是欣赏时的技巧与仪态。

中国澳门中华茶道会会长罗庆江先生对中国茶道的解释如下：

1. 茶道是糅合中国传统文化艺术与哲理的，既源于生活，又高于生活的一种修身活动；

2. 茶道是以茶为媒介而进行的一种行为艺术；

3. 茶道是借助茶事通向彻悟人生的一条途径。

茶艺即饮茶艺术，茶艺有备器、择水、取火、候汤、习茶五大环节。

按习茶方式，古今茶艺可划分为煎茶茶艺、点茶茶艺、泡茶茶艺。

按主茶具，则可将泡茶茶艺分为壶泡茶艺、工夫茶艺、盖碗泡茶艺、玻璃杯泡茶艺、工夫法茶艺。工夫茶艺按发源地又可划分为武夷工夫茶艺、武夷变式工夫茶艺、台湾工夫茶艺、台湾变式工夫茶艺。

按茶艺表现形式，茶艺可以分为舞台表演型茶艺、生活待客型茶艺、企业营销型茶艺以及修身养性型茶艺。

以表演者为主体，可以将茶艺分为宫廷茶艺、文士茶艺、民俗茶艺和宗教茶艺。

宫廷茶艺

民族茶艺：白族三道茶

茶艺还可以茶为主体来分类，实质上是茶艺顺茶性、倡茶道、示茶美的具体表现。

茶艺

茶艺不单纯是表演艺术，它的本质是生活艺术。它不仅要求过程美，更注重结果美。所谓过程美，包含了在茶事活动的整个过程中要注意表现人之美、茶之美、水之美、器之美、境之美及艺之美。所谓结果美，是指无论采取什么样的表现形式，最终应当冲泡或调制出一杯色、香、味、韵俱佳的好茶。从过程美中人们可以获得美感乐趣，而从结果美中人们可以获得美味乐趣，双重乐趣构成了茶艺独有的艺术享受。如果只注重结果美，那是科学泡茶。如果只注重过程美，那可能把茶艺演变成茶舞、杂技，甚至茶杂耍。只有过程美与结果美相统一，才称得上是好的茶艺表演。

在处理茶艺表演过程中各种美的要素之间的关系时，茶之美是“红花”，其他美（包括人之美）都是“绿叶”。“绿叶”必须去衬托“红花”。在茶事活动中，调动一切美学因素去表现、去展示、去渲染、去突出茶的色、香、味、形之美才是根本，切不可主次不分，更不可喧宾夺主。

茶艺是茶道的基础和载体，是茶道的必要条件。茶道离不开茶艺，茶道依存于茶艺，舍茶艺则无茶道。茶艺的内涵小于茶道，但茶艺的外延大于茶道。茶艺可以独立于茶道而存在，作为一门艺术，也可以进行舞台表演。因此，说表演茶艺或茶艺表演是可以的，但说茶道表演或表演茶道则是不妥的。因为，茶道是供人修行的，不是表演给别人看的，可表演的是茶艺而不是茶道。

茶艺是茶道的基础，是茶道的必要条件，茶艺可以独立于茶道而存在。茶道以茶艺为载体，依存于茶艺。茶艺重点在“艺”，重在习茶艺术，以获得审美享受；茶道的重点在“道”，旨在通过茶艺修身养性、参悟大道。茶艺的内涵小于茶道，茶道的内涵包括茶艺。茶艺的外延大于茶道，其外延介于茶道和茶文化之间。

茶艺、茶道的内涵、外延均不相同，应严格区别二者，不要使之混同。

喝茶是将茶当饮料解渴。

品茶注重茶的色、香、味，讲究水质和茶具，喝的时候要细细品味。

茶艺讲究环境、气氛、音乐、冲泡技巧及人际关系等。

喝茶、品茶、茶艺的最高境界是茶道。在茶事活动中融入哲理、伦理、道德，通过品茗来修身养性、品味人生，达到精神上的享受。

二、品饮环境

茶道是在一定的环境下所进行的茶事活动，茶道对环境的选择、营造尤其讲究，旨在通过环境来陶冶、净化人的心灵，因而需要一个与茶道活动要求相一致的环境。茶道活动的环境不是任意、随便的，而是经过精心

自然品饮环境

选择或营造的。茶道环境有三类：一是自然环境，如松间竹下，泉边溪侧，林中石上；二是人造环境，如僧寮道院、亭台楼阁、画舫水榭、书房客厅；三是特设环境，即专门用来从事茶道活动的茶室。茶室包括室外环境和室内环境，茶室的室外环境是指茶室的庭院，茶室的庭院往往栽有青松翠竹等常绿植物及花木。室内环境则往往有挂画、插花、盆景、古玩、文房清供等，尤其是挂画、插花，必不可少。总之，茶道的环境要清雅幽静，使人进入此环境中，忘却俗世，洗尽尘心，熏陶德化。

室内品饮环境

三、礼法

茶道活动是要遵照一定的礼法进行，礼即礼貌、礼节、礼仪，法即规范、法则。“夫珍鲜馥烈者，其碗数三，次之者，碗数五。若坐客数至五，行三碗。至七，行五碗。若六人以下，不约碗数，但阙一人，而已其隽永补所阙人。”（陆羽《茶经·五之煮》）此为唐代煎茶道中的行茶规矩。

“童子捧献于前，主起举瓯奉客曰：为君以泻清臆。客起接，举瓯曰：非此不足以破孤闷。乃复坐。饮毕，童子接瓯而退。话久情长，礼陈再三。”（朱权《茶谱》序）此为宋明点茶道主、客间的端、接、饮、叙礼仪，颇为严谨。礼是约定俗成的行为规范，是表示友好和尊敬的仪容、态度、语言、动作。茶道之礼有主人与客人、客人与客人之间的礼仪、礼节、礼貌。

茶道之法是整个茶事过程中的一系列规范与法度，涉及人与人、人与物、物与物之间的一些规定，如位置、顺序、动作、语言、姿态、仪表、仪容等。

茶道的礼法随着时代的变迁而有所损益，与时偕行。在不同的茶道流派中，礼法有不同，但有些基本的礼法内容却是相对固定不变的。

四、修行

修行是茶道的根本，是茶道的宗旨，茶人通过茶事活动怡情悦性、陶冶情操、修心悟道。中华茶道的修行为“性命双修”，修性即修心，修命即修身，“性命双修”亦即身心双修。修命、修身，也谓养生，在于去病健体、延年益寿；修性、修心在于志道立德、怡情悦性、明心见性。“性命双修”最终落实于尽性至命。

中华茶道的理想就是养生、怡情、修性、证道。证道是修道的结果，是茶道的理想，是茶人的终极追求，是人生的最高境界。茶道的宗旨、目的在于修行，环境亦好，礼法亦好，茶艺亦好，都是为着一个目的——修行而设，服务于修行。修行是为了提高每个参加者的自身素质和境界，塑造完美的人格。

第三章

茶道与中国（儒、释、道）文化

中国茶道与儒、释、道三家学说都有着密切的联系。概括而言，儒家为体，道家为用，释家为心。三者互相启发、互相激励，深刻影响了茶圣陆羽的《茶经》著述和茶道思想，最终形成了中国茶道雅洁、清静、平和、空灵、率真的精神实质和人文追求，成为中华民族传统文化和人文精神的精华。

中国传统文化发展大概经历了以下三个阶段。

第一阶段：以伏羲氏画八卦而创立《易经》的天人之际的文化为基础，经过夏、商、周三代的演变，初步形成了以易、礼为中心的天人思想。

伏羲氏

第二阶段：春秋战国时期，出现了诸子百家争鸣的盛况，中国传统文化和思想基本成型。复经秦汉时期的演变，渐次形成了儒、道、墨三家学说思想为主导的形态。

第三阶段：经魏晋、南北朝的演变，最终产生了隋唐以后儒、释、道三家鼎峙、变易并交替兴衰的局面。

此后，历经宋、元、明、清，直到近代“五四”运动前期，中国传统文化都是以儒、释、道三家为核心的，未曾有过根本的变动。

自唐朝之后，儒、释、道三家学说实际上是相互吸收、补充和借鉴的结果，传统儒学中已经融入了道家、释家、墨家甚至法家的一些思想与观点，已经不再是孔孟时期所创立与倡导的传统“儒学”。释家与道家亦是如此。现代所说的“禅”，亦非昔日印度之“禅”，而是彻底汉化了的禅宗之“禅”。究其源头，直指灵山会上佛陀拈花一笑的故事，但其本质和精髓是绝对中国化了的，有着中华民族传统文化与人文精神的浸染，打上了深深的中国烙印。再譬如，我们今天所论之“道”亦非老庄所言之“道”，更不是道教所谓之“道”，而是融合了儒家、释家的“道”。这种相互吸收、补充和借鉴的结果是必然的，是由中国文化特有的包容性和独立性所决定的，这也是中国传统文化的经久魅力和勃勃生机之所在。

中国茶道精神正是在这三种学说的深刻影响下不断完善的，这在世界文化史上是绝无仅有的。这朵美丽绝伦的奇葩，只有在中华民族这块古老而又充满生机的土地上，才能落地、生根、发芽、布叶、开花，散发出永久的芬芳。

第一节　茶道与中国文化

中国茶道的美学思想基础是“天人合一”。中国茶道是大自然变化规律的文化载体。我们可以这样说，如果没有了茶道艺术形式的规范化、程式化，就绝不会有茶道之美。

陆羽的《茶经》，通过对所撰述的茶事进行归纳、取舍、提炼、美化，为我们总结出了直观的既带有概括性又兼有抽象性的煎茶艺术的六个主要程序：炙茶、碾末、取火、选水、煮茶、酌茶。其中的任何一个程序，均可以反映出合理调节、利用自然力以为生存得更好服务为主题。择要言之，茶叶、柴炭、山水均属自然物；“煮茶”中的烧水、煮茶工序，“酌茶”中讲究入微的法则，均属“利用安身”。即从物质生存需要的满足方面来体现人与自然的统一。由此可见，基于“天人合一”的观念，中国茶道美学总是要从人与自然的统一之中去寻找：中国茶道美学思想的基础就是人道。

中国茶道美学思想也具体表现为“美善统一”。在《茶经》载述中，我们看到人们品茶时，十分注意美与感官愉悦、情意满足的重要联系，并充分肯定了这种联系的合理性。与此同时，陆羽更加强调这种联系必须符合伦理道德的“善”。

《茶经·七之事》引《广陵耆老传》言：晋元帝时，有老妇每天早晨提着一器皿茶，到市上去卖。买的人争着要，从早到晚，从未间断。令人惊怪的是那器皿中的茶却不会减少。老妇书“所得钱散路旁孤贫乞人”。老妇卖茶，所为何事？为“善”也。她把卖茶赚的钱，悉数施舍给流落街头的孤儿、穷人和乞丐。这个故事告诉我们，“茶”与“善”以及“茶道美”与“善举美”在本质上是统一的。陆羽的《茶经》，陆羽的为人处世，无不处处致力于实现这种统一。

中国茶道美学思想既强调“美善统一”，又突出了“茶理一体”。中国茶道的精神意蕴，在于强调人格的自我完善。为实现这个崇高目标，其重要手段便是不断化“自在之物（如茶叶、水等）”为“为我之物（指茶事等）”；“为我之物”通过反馈作用，不仅强化了社会和谐的氛围，还不断唤醒人们对自然的一种内在道德责任心。这就是中国茶道之“理”，与中国文化的总体心理基础有着惊人的一致性。

《茶经·四之器》载古鼎形风炉为三足，用古文字写着“坎上巽下离于中”“体均五行去百疾”字样。显然意在利用书法艺术来诱发和加浓茶饮之“情”。而隐藏于“情”中的正是一个“理”字：“坎上巽下离于中”，用八卦的“坎”“巽”“离”三卦相互作用的关系，反映出茶事活动过程完全符合《周易》观象取物以创造文化之“理”，也即“立象以尽意”之“理”。“体均五行去百疾”，则用五行学说，阐明了茶事过程实质上就是促进人体与自然尤其是生活环境的协调统一，以达到五脏调和、五行资生、去除百疾的目的。简要说来，就是为了“生”。“生”的价值是由情感需要和情感态度决定的。陆羽于此巧妙地运用了阴阳五行学说，反映以类相感，让天与人在阴阳五行的框架内合而为一，突出了茶饮去疾健身、完善人格、师法自然、净化社会的效益，兑现了“情理一体”的美学功能。

儒、释、道与茶文化发展密切相关，三家思想的统一形成了今天中国茶道精神，“道”一般是指事物的来源、本质和规律。中国茶道是指饮茶过程中的技艺、美学观点以及茶礼仪中的哲理和道德原则。三教合一，以儒家思想为核心，结合茶叶栽制，饮用的变革和审美观点的变化发展，规定和影响着我国茶文化的发展。中国茶道的内在本质就是儒、释、道三家思想的统一。

中国茶道吸收了儒、释、道三家的思想精华。佛教强调“禅茶一味”，以茶助禅，以茶礼佛，在从茶中体味苦寂的同时，也在茶道中注入佛理禅机，这对茶人以茶道为修身养性的途径，借以达到明心见性的目的有好处。而道家的学说则为茶人的茶道注入了“天人合一”的哲学思想，树立了茶道的灵魂。同时，还提供了崇尚自然、崇尚朴素、崇尚真的美学理念和重生、贵生、养生的思想。

中华茶道和儒、释、道三家学说都有着深刻而密切的联系，三者相辅相成，不可偏废，而又相互启发，互相砥砺。“雅洁、清净、平等、空灵、率真”的精神实质和人文追求，成为中华民族传统文化和人文精神的精华。

第二节　茶道与儒家文化——中庸之道

以孔、孟为代表的儒家思想，是以中庸为核心的思想文化体系，形成了影响人类文化数千年的东方文化圈，当今包括全世界华人、华裔，日本、韩国及东南亚诸国都从儒学中寻找真理。而中国茶道，也多方体现儒家中庸之温、良、恭、俭、让的精神，并寓修身、齐家、治国、平天下的伟大哲理于品茗饮茶的日常生活之中。

儒家认为合于天性，合于自然，穷神达化，人便可在日常生活中得到快乐，达到人生极致。我国茶文化中清新、自然、达观、热情、包容的精神，即是儒家思想最鲜明、充分、客观而实际的表达。

茶圣陆羽的《茶经》中，处处体现着和谐宁静的境界。譬如在论采茶时，“凡采茶，在二月、三月、四月之间。茶之笋者，生烂石沃土，长四五寸，若薇蕨始抽，凌露采焉。茶之芽者，发于丛薄之上，有三枝、四枝、五枝者，选其中枝颖拔者采焉。”又譬如，关于茶叶的储藏，《茶经·四之器》说：“纸囊，以剡藤纸白厚者夹缝之，以贮所炙茶，使不泄其香也。”即使是所贮藏、所炙茶饼的纸囊，也作了详细的规定。儒家“格物致知”，学以致用的观念落实到了日常茶事中的每个细节之处。

《茶经》中还提到了“俭”这个命题。《茶经·五之煮》说：“茶性俭，不宜广，广则其味黯澹。”这也恰当地体现了“和”文化，茶唯俭能相和，豪华奢侈是与儒家精神、茶道精神背道而驰的。《茶经》的开篇即说：“茶之为用，味至寒，为饮最宜。经行俭德之人，若热渴、凝闷、脑疼、目涩、四肢烦、百节不舒，聊四五啜，与醍醐甘露抗衡也。”精行俭德，是对茶人的要求。茶之俭德与茶人的精行俭德相和，此即中国茶道的深意所在。和，是中国茶道的精神核心，更是其根本、基础和血脉、骨肉。

中国茶道从内容上来讲，根植于中华文化的土壤，历经一千多年，儒、释、道各家思想文化成为其内涵之源。中和之道是中华文化和传统思想的精髓，《易经》强调“中和”的思想，在儒学和道学中都得到了极力推崇。儒学崇尚“中庸之道”，更是“中和”思想的具体衍化。《中庸》曰：“中也者，天下之大本也；和也者，天下之达道也。喜怒哀乐之未发，谓之中；发而皆中节，谓之和”“致中和，天地位焉，万物育焉”。“中和”是中国人认识世界和人生的智慧，深刻影响了中国人的性格。茶的平和之性，使人亲而不乱，嗜而敬之的特点与中和思想是一致和贯通的。

第三节　茶道与释家文化——茶禅一味

中国茶道可分为四大流派。贵族茶道生发于“茶之品”，旨在夸示富贵；雅士茶道生发于“茶之韵”，旨在艺术欣赏；禅宗茶道生发于“茶之德”，旨在参禅悟道；世俗茶道生发于“茶之味”，旨在享乐人生。茶进入佛教之后，吃茶就成了佛事，而茶汤中流出的则是佛法。在中国，寺庙中的僧人饮茶历史悠久，因茶有“三德”，利于丛林修持，由“茶之德”生发出禅宗茶道。

茶道与禅道有着密不可分的关系。住持请斋、请茶，乃是禅寺常有的礼仪。禅僧在禅寺中吃茶，是一件礼仪繁复而又严肃的事情，吃茶不啻是一种严格的禅修功夫，是禅门行、坐、语默、动、静当中，众多“借假修真”的媒介之一，这是禅门茶道的特色。

僧人种茶、制茶、饮茶并研制名茶，为中国茶叶生产的发展、茶学的发展、茶道的形成奠定了重要的基础。下面主要探讨的是佛教禅宗与茶道的关系。

僧人采茶

佛教是公元前 6—公元前 5 世纪（大致与我国的孔子、老子时代相当）由古印度释迦牟尼创立的，最初由西域传入我国，东汉初年开始广为流传，在盛唐时，全国已经有了很多的佛教寺院，寺院经济也有了突出的发展，茶叶便是其中重要的内容之一。

陆羽煮茶图

中国“茶道”二字，首先由禅僧提出，这便把饮茶从技艺提高到精神的高度。在魏晋甚至更早的时候，茶叶就已成为我国僧道修行、修炼时常用的饮料了。到了唐宋时期，佛教盛行，寺必有茶，教必有茶，禅必有茶；特别是在南方寺庙，几乎出现了庙庙种茶，无僧不茶的嗜茶风尚。明代乐纯著《雪庵清史》并列居士“清课”有“焚香、煮茗、习静、寻僧、奉佛、参禅、说法、作佛事、翻经、忏悔、放生……”“煮茗”居第二，竟列于“奉佛”“参禅”之前，这足以证明“茶禅一味”的说法是自古有之，茶之于僧人的重要性。茶圣陆羽生于唐朝开元年间，呱呱坠地便落入佛门怀抱。《天门县志·陆羽传》载：“或言有僧晨起，闻湖畔群雁喧集，以翼覆一婴儿，收畜之。”48 岁时在湖州完成了世界第一部茶学专著《茶经》的陆羽，能写成此书与他长期在茶区生活有关，但主要得益于他的佛门经历。陆羽从小就生活在寺庙中，耳濡目染，日常生活中接触的都是禅僧。可以说，《茶经》主要是中国僧人种茶、制茶、烹茶、饮茶生活经验的总结。中国茶道在寺庙香火中熏过一番，所以自带三分佛气。

唐宋年间，寺庙经常兴办大型茶宴。茶宴上，要谈佛经与茶道，并赋诗，把佛教清规、饮茶谈经与佛学哲理、人生观念都融为一体，开辟了茶文化的新途径。在民间茶礼方面，朝廷茶仪难以效仿，禅院茶礼容易为一般老百姓所接受，因此佛教的影响较大。寺庙不仅重视茶叶，而且也是生产、宣传和研究茶叶的中心。在此期间，寺庙是最有条件研究茶叶的地方。因为寺庙都有一定的田产，僧人不参加劳动，他们有时间、有文化来讲究茶的采造、品饮艺术和写书作诗来宣传茶叶文化，所以，我国有“自古名寺出名茶”之说。据史料记载及民间传说，我国古今众多的名茶中，有不少最初是由寺院种植、炒制的。如北宋时，江苏洞庭山水月院的山僧采制的“水月茶”，即现今有名的“碧螺春茶”。明隆庆年间，僧徒大方制茶精妙，其茶名扬海内，人称“大方茶”，是现在皖南茶区所产的“屯绿茶”的前身。此外，产于普陀山的“佛茶”、黄山的“云雾茶”、云南大理感通寺的“感通茶”、浙江天台山万年寺的“罗汉供茶”、杭州法镜寺的“香林茶”等，都是最初产于寺院中的名茶。在这些佛门圣地、名山寺庙都种有茶树，僧人自采自制，饮茶念佛，修身养性。高龄僧人无数，究其长寿原因，与长期饮茶有关系。

佛教认为：茶有三德，即“坐禅时通夜不眠；满腹时帮助消化；茶且不发”。有助佛规，这也许是佛教倡茶的原因之一。释氏学说传入中国成为独具特色的禅宗，禅宗和尚、居上日常修持之法就是坐禅，要求静坐、敛心，达到身心“轻安”，观照“明净”。其姿势要头正背直，“不动不摇，不委不倚”，通常坐禅一坐就是三个月，老和尚难以坚持，小和尚年轻瞌睡多，更难熬，饮茶正可提神驱睡魔；饭罢就坐禅，易患消化不良，饮茶正可生津化食；佛门虽清净之地，但不染红尘亦办不到，且不说年轻和尚正值青春盛期难免想入非非，就是老和尚见那拜佛的姣姣女子亦难免魂不守舍，饮茶即能转移注意力、抑制性欲，自当是佛门首选饮料。

佛教讲究“茶禅一味”，禅和茶在佛教当中有千丝万缕的联系，喝茶讲禅，茶道又与禅相结合，所谓“茶禅一味”，就是通过茶去领悟禅的定义。

关于“茶禅一味”，茶与佛教的最初关系是茶为僧人提供了无可替代的饮料，而僧人与寺院促进了茶叶生产的发展和制茶技术的进步，进而，在茶事实践中，茶道与佛教之间找到了越来越多的思想内涵方面的共通之处，主要体现如下。

一、“苦”

佛理博大无限，但以“四谛”为总纲。

释迦牟尼成道后，第一次在鹿野苑说法时，谈的就是“四谛”之理。而“苦、集、灭、道”四谛以苦为首。人生有多少苦呢？佛以为，有生苦、老苦、病苦、死苦、怨憎会苦、爱别离苦、求不得苦等，总而言之，凡是构成人类存在的所有物质以及人类生存过程中的精神因素都可以给人带来“苦恼”，佛法求的是“苦海无边，回头是岸”。参禅即是要看破生死观、达到大彻大悟，求得对“苦”的解脱。茶性也苦。李时珍在《本草纲目》中载：“茶苦而寒，阴中之阴，最能降火，火为百病，火清则上清矣。”从茶的苦后回甘，苦中有甘的特性，佛家可以产生多种联想，帮助修习佛法的人在品茗时，品味人生，参破“苦谛”。

二、“静”

茶道讲究“和、静、怡、真”，把“静”作为达到心斋座忘，涤除玄鉴、澄怀味道的必由之路。佛教也主静。佛教坐禅时的五调（调心、调身、调食、调息、调睡眠）及佛学中的“戒、定、慧”三学也都是以静为基础。佛教禅宗便是从“静”中创出来的。可以说，静坐静虑是历代禅师们参悟佛理的重要课程。在静坐静虑中，人难免疲劳发困，这时候，能提神益思、克服睡意的只有茶，茶便成了禅者最好的“朋友”。

三、“凡”

日本茶道宗师千利休曾说过：“须知道茶之本不过是烧水点茶。”此话一语中的。茶道的本质确实是从琐碎的平凡生活中去感悟宇宙的奥秘和人生的哲理。禅也是要求人们通过静虑，从平凡的小事中去彻悟大道。

四、“放”

人的苦恼，归根结底是因为“放不下”，所以，佛教修行特别强调“放下”。近代高僧虚云法师说：“修行须放下一切方能入道，否则徒劳无益。”放下一切是放什么呢？中六根，外六尘，内六识，这十八界都要放下，总之，身心、世界都要放下。放下了一切，人自然轻松无比，看世界天蓝海碧，山清水秀，日丽风和，月明星朗。品茶也强调“放”，放下手头工作，偷得浮生半日闲，放松一下自己紧绷的神经，放松一下自己被囚禁的心性。演仁居士有诗最妙：“放下亦放下，何处来牵挂？做个无事人，笑谈星月大。”

“茶禅一味”，禅味即是茶味，茶味即是禅味。茶禅互参，禅茶不二，成为我们体味至道的方便法门。茶人饮茶与禅师参禅一样，最害怕心有所执，最忌讳着相。若过分沉湎于茶汤的色、香、味、气韵这“四相”的话，是最容易在茶海里迷失的，甚至有“走火入魔”的危险。只有空掉茶汤“四相”，才能够真正“因茶入道”。

禅不是一味地谈玄说妙，而是要将之落实到日常生活中，落实到日常品饮中。这样才是禅——活泼、自在、真切的生活禅。佛门当中有数不清关于茶的公案，如僧人问资福如宝禅师：“如何是和尚家风？”答曰：“饭后三碗茶。”僧人来参见赵州和尚，和尚即曰：“吃茶去！”这些吃茶的公案，绝不是口头禅，而是真真切切的生活禅。与儒家和道家的体用不同，“禅”能使我们在品饮中时刻保持心境的空明和心性的自在，不染着、不死寂，犹如一股清泉，日夜冲洗着我们身心内外的尘垢，受用无穷。

“茶禅一味”，体现了饮茶与参禅有着相通的境界和感受。禅与茶都强调主体感受，饮茶须平心静气，参禅须怀一颗平常心，心境宁静才能自悟禅机。茶性与禅性的完美契合，这是佛教禅宗对茶的一大贡献。佛教禅宗修行，讲究体验和顿悟，其理想境界是力求把宗教的哲学与思想融化到日常生活的一事一行中，从细微处去体味禅意，故有唐代从谂禅师“吃茶去”之偈。

综合而言，佛教对茶道发展的贡献主要有以下三个方面：

第一，高僧们写茶诗、吟茶词、作茶画，或与文人唱和茶事，丰富了茶文化的内容。

第二，佛教为茶道提供了“梵我一如”的哲学思想及“戒、定、慧”三学的修习理念，深化了茶道的思想内涵，使茶道更有神韵。特别是“梵我一如”的世界观与道教“天人合一”的哲学思想相辅相成，形成了中国茶道美学对“物我玄会”境界的追求。

第三，佛门的茶事活动为茶道表现形式的发展提供了参考。郑板桥有一副对联写得很妙："从来名士能萍水，自古高僧爱斗茶。"佛门寺院持续不断的茶事活动，对提高茗饮技法、规范茗饮礼仪等都大有帮助。在南宋宗开禧年间，经常举行上千人大型茶宴，并把寺庙中的饮茶规范纳入了《百丈清规》，近代有的学者认为《百丈清规》是佛教茶仪与儒家茶道相结合的标志。

在僧人心中，茶是参禅悟佛之机、显道表法之具，禅是以茶净心之理、正清和雅之道。二者互为表里，互为因缘，互为体用，互为能所。可以茶喻禅，以茶行禅，以茶悟禅，以茶参禅；也可以禅释茶，以禅施茶，以禅品茶，以禅悟茶。茶是佛的化身，是菩萨的心肠，是罗汉的自在，是僧人的隐忍，是凡人的平常心。

在佛家来看，茶道应以茶为中心，"无心"为要求，"敬"为宗旨，通过色、声、香、味、触、法达到眼、耳、鼻、舌、身、意的最佳享受，从物质享受提升到精神享受乃至顿悟。

第四节　茶道与道家文化——天人合一

道家哲学的核心，体现在其对自然的崇尚，主张自然无为的天道观，强调"道"是世界的本源，"人法地，地法天，天法道，道法自然"（《老子》）"天地与我并生，万物与我为一"，《庄子》"天人合一"的思想在茶道中的体现就是人品与茶品的和谐统一，茶的淡然宁静与人品操守的淡泊、谦虚、恭敬等相互契合。道教则重视以茶养生和辅助修炼，关于饮茶成仙的传说故事有很多，《茶经》中提到的茶人很多都是道教人物。明代皇族朱权在《茶谱》序中说："茶之为物，可以助诗性而顿色，可以伏睡魔而天地忘形，可以倍清淡而万象惊寒""乃与客清谈款话，探玄虚而参造化，轻心神而除尘表"，道出饮茶之真趣。

有人说：茶道是道家的化身。相关经典名句："世人若解茶之道，不羡仙人做茶人。" 正因为道家"天人合一"的哲学思想融入了茶道精神之中，在中国茶人心里充满着对大自然的无比热爱，中国茶人有着回归自然、亲近自然的强烈渴望，所以中国茶人最能领略到"情来爽朗满天地"的激情及"更觉鹤心杳冥"那种与大自然达到"物我玄会"的绝妙感受。

道与茶道

中国茶道强调"道法自然"，包含了物质、行为、精神三个层次。

物质方面，中国茶道认为："茶是南方之嘉木。"茶是大自然恩赐的"珍木灵芽"，在种茶、采茶、制茶时必须顺应大自然的规律才能产出好茶。

行为方面，中国茶道讲究在茶事活动中，一切要以自然为美，以朴实为美，动则行云流水，静则如山岳磐石，笑则如春花自开，言则如山泉吟诉，一举手，一投足，一颦一笑都应自然，任由心性，绝无造作。精神方面，道法自然，返璞归真，表现为自己的心性得到完全解放，使自己的心境变得清静、恬淡、寂寞、无为，使自己的心灵随茶香弥漫，仿佛自己与宇宙融合，升华到“无我”的境界。

道家的无为思想对茶道的影响颇为深远。《道德经》云：“人法地、地法天、天法道、道法自然。”就茶道而言，即指其不是人为的、造作的、规定的，而是自然法则的体现。茶道的根本目的就是如何冲泡好一碗茶汤，茶叶与水的互相交融与感化，就构成了一碗茶汤。茶汤的汤色、香气、滋味、气韵都是自然的，是自然法则在茶碗里的展示与再现。修习茶道，就是要将茶汤中的自然法则充分体现出来，顺茶理、和茶性、通茶道。通过茶事实践，了悟茶汤的真谛，体悟茶中至道。当下，没有纷争、没有心机、也没有是非，仅仅是为了冲泡好一碗茶汤而已。

中国茶道是以饮茶为契机的综合文化体系，融会了中国传统文化组成部分的儒、释、道三家文化的思想精华。从历史的角度看，道家与茶文化的渊源最为久远，道家的自然观一直是中国人精神生活及观念的源头，茶文化自始便与道家思想中的自然观念相契合，茶道无疑是“自然之道”的一部分。从发展角度看，茶道的核心思想应归之于儒家学说，这一核心思想主要是儒家伦理的“中和”思想，儒家茶文化也讲“道”，但这已非完全意义上的“自然之道”，而是“以茶利仁”之道，故儒家茶文化同样讲“以茶可行道”。佛教禅宗则体现在茶文化的兴盛与发展上，历史上许多名茶出自禅林寺院，而“茶禅一味”的概括，浓缩着许多至今也难以阐述得尽善尽美的深刻涵义。禅宗建立的一系列茶礼、茶宴等茶文化形式，具有很高的审美趣味。

一、自然茶道，茶道“自然”

“自然”作为一个完整的概念最早出自老子。老子的《道德经》说：“人法地，地法天，天法道，道法自然。”这个“自然”，指“自己而然”，非有意造作而然的，“道”本身即“自然”之道而无所不在。在道家看来，茶道只是“自然”大道的一部分。茶的天然性质决定了人们从发现它到利用它、享受它，都必然要以上述观念贯通它起始发生的全过程。

道家的思想发展到两汉魏晋南北朝时，有了一个重要的转折阶段。此时，自然之“道”的概念逐渐普及，并且逐渐演变为功利主义的宗教。在那个充满狂热求仙风尚的时代，人们日夜思考着如何得道成仙，含“道”、含“生命素”成分较多的茶，自然成为成仙的灵物。唐代诗僧皎然有一首《饮茶歌送郑容》，以一个超然潇洒、自由自在、似僧非僧的文人茶道家的身份，淋漓尽致地描绘了“丹丘羽人轻玉食，采茶饮之生羽翼”“赏君此茶祛我疾，使人胸中荡忧栗”等饮茶而羽化成仙的道家理想，把茶道精神推到极高的境界，充分体现了“自然之道”的玄妙，成为茶文化中的经典之作。

自然之茶道或茶道之自然。不自然不称其为茶道，茶道无所不在地显示了自然。茶道也就是按照茶的“自然”要求，以“任其自然”的状态，发掘出它的天然精华以“合于自然”。所谓“天然自然”者，对茶人来说，就必须真正地以自然而然的态度与精神去合于“天然之道”，以素朴的人性与茶的本性契合。这些都是茶人从道家思想中得到的启发并发展成为茶人的原则，它最终仍要归为儒、释、道思想的共同宗旨——“天人合一”。而道家也以清静无为、自然而然的态度追求着神仙世界，从而各地道观大都自产自用着自己的“道茶”，实现着自在自为的自然思想，这种茶道思想对茶文化开创有着不可磨灭的贡献。

二、以茶雅志，以茶行道

儒家学说是中华民族的主体文化，中国茶道与儒家学说有着千丝万缕的联系。儒生们把品茶看作品味人生，酸甜苦涩，各人有各人的感受，各人有各人的偏爱，各人有各人的追求。儒生与茶道的关系是道心文趣兼备，比佛家和道家要复杂得多，但其主体是倡导“以茶可雅志，以茶可行道”（刘贞亮《茶十德》）怀有积极的人世观。

“以茶可雅志”，贯穿着儒家的人格思想。儒家心目中的理想人格，概而言之，就是修身为本、修己爱人、自省慎独、自尊尊人、敬业乐群的君子人格，旨在建立一个有文化修养的高度文明的“优雅社会”。“以茶可雅志”中的“雅志”两字，“雅”指文明、教养、高尚、美好、正当，“志”指人格精神趋向于一个较恒定的、具有真正价值的目标。老子最早倡导“志于道”，这一命题不断为后世思想家所发挥，如孟子认为不动心就是“持其志”“不动心有道”等。“志”既然是人之为人的价值所在，它就是对抗人性异化的精神柱石，若失志，人就变成非人，这是儒家的共识。以茶可雅志是从茶文化这种文化形态的视角来理解人生本身，这正是儒家思想的深刻反映。茶人的“雅志”，固然有清高的意味，但更多的是表示它的高雅品格，这正是儒家的理想人格。儒家在茶性与人性契合点上的认识是深刻的。“洁性不可污，为饮涤尘烦”（韦应物《喜园中茶生》）视茶为高雅的象征。“岂知君子有常德……不改旧时香味色”（欧阳修《双井茶》）也是借茶表示人对雅志的追求。

儒家茶文化代表着中庸、和谐、积极入世的儒家精神。“以茶可行道”，实质上就是指中庸之道。因为无论“以茶利礼仁”“以茶表敬意”，还是“以茶可雅志”，都是为“以茶行道”开路。儒家的中庸思想在孔子和后代儒家那里，占有极其重要的位置。概而言之，“中”，也就是适度，什么时候该做什么就做什么，“庸”可视为合情合理，因此，中庸之道，乃是修身之道，是处世做人的态度与方法。“喜怒哀乐之未发，谓之中；发而皆中节，谓之和。中也者，天下之大本也；和也者，天下之达道也。致中和，天地位焉，万物育焉”（孔子《中庸》第一章）此中的情与理，要求合情合理，不走极端，保持“中道”，以达致“和”的状态。

“和”，不仅是中国传统文化的道德范畴，同时也是美学境界。自刘贞亮首先提出“以茶可行道”后，无论是宋徽宗赵佶的“致清导和”，还是斐汶的“其功致和”等，都是以儒家的“中和”与和谐精神作为中国茶道精神。茶道以“和”为最高境界，也说明茶人对儒家和谐或中和哲学的深刻把握。

三、茶禅一味，修炼身心

相传，“茶禅一味”是宋代四川成都昭觉禅师佛果克勤的手书，他以此四字赠与留学的日僧珠光。“日僧珠光访华，就学于著名的克勤禅师。珠光学成回国，克勤书‘茶禅一味’相赠，今藏日本奈良大德寺中”（《佛学典故汇释·茶禅·赵州茶》）尽管学术界对这一记载存有质疑，但“茶禅一味”把茶与禅等同，无疑是一种创造性的智慧境界。

中国茶道几乎汲取了佛禅思想中的一切精华。茶道与禅宗几乎不可分。茶在禅门中的发展，由特殊功能到以茶敬客乃至形成一整套庄重严肃的茶礼仪式，最后成为禅事活动中不可分割的一部分，最深层的原因在于观念的一致性，即茶的性质与禅悟本身融为一体，以茶助禅，以禅助茶，“转相仿效，遂成风俗”（封演《封氏闻见录》）。

作为自然界的一种植物，茶是怎么同禅结合在一起的呢？茶与禅的碰撞点，最早发生于茶的药用功能中，僧侣打坐要打瞌睡，饮茶可提神醒脑。在浓郁的尚茶风气中，又兼“茶”本身所具有的深厚文化底蕴，吃茶暗含禅机，禅即是茶，禅茶相混，“茶禅一味”，难分难解。“茶禅一味”的内在原因即为修炼身心，具体说来有三个原因。首先，茶是佛寺相沿已久的传统食品，茶崇拜意识早已成为僧人们血液里的成分。其次，茶是佛寺日常生活中最普遍、最频繁使用的饮料，僧人们因而对茶有一种与生命相连的亲切感。最后，茶的清心醒脑作用，是佛僧坐禅的最佳依赖和帮助。茶本身的生命启示及清高静寂的品性特征无不暗含或揭示禅机，能表达“禅”的妙境。正因为如此，才有“茶禅一味”的表述。

“吃茶去”三字，成为禅林法语，就是“直指人心，见心成佛”的悟道方式。唐高僧从谂禅师，常住赵州观音寺，人称“赵州古佛”。因其嗜茶成癖，所以每说话之前总要说声“吃茶去”。“茶禅一味”，道就寓于吃茶的日常生活之中。道不用修，吃茶即修道。后世禅门中“吃茶去”广泛流传。

禅宗是中国士大夫的佛教，浸染中国思想文化最深。“饭后三碗茶”的“和尚家风”的实行，“把佛家清规、饮茶谈经与佛学哲理、人生观念都融为一体。正是在这种背景下，‘茶禅一味’之说应运而生。意指禅味与茶味同是一种兴味，品茶成了参禅的前奏，参禅又成了品茶的目的，二位一体，水乳交融”（余悦《禅悦之风》）而“茶禅一味”本身所展示的高超智慧也就成了文化人与文化创造的新天地，就连李白、刘禹锡、白居易、皎然、韦应物、黄庭坚等中国第一流的诗人都相继进入这一领域，以茶悟道，以茶修心。如唐代诗僧皎然《九日与陆处士饮茶》：“九日山僧院，东篱菊地香。俗人多泛酒，谁能助茶香？”这一句“谁能助茶香”的发问，烘托出“茶禅一味”的幽雅。唐代诗人刘禹锡，颇通佛理，常进出佛教寺院，他曾参释西山寺，僧人把他当贵宾看待，立即进行了一场从头至尾的完整的现场茶事活动：采摘、炒干、烹饮，并在一种佛教的格调中互致敬意。他的《西山兰若试茶歌》将品饮这次茶的过程写得十分优美：“骤雨松声入鼎来，白云满盏花徘徊。悠扬喷鼻宿酲散，清峭彻骨烦襟开。”

中国茶文化，是在儒、释、道“三教合一”的中国传统文化背景及其整体直观的思维方式下产生的。茶道，既为儒、释、道三家所共同造就，又因为它能够同时融会儒、释、道三家的基本原则，而体现大道特有的精神。道家的自然境界、儒家的人生境界和佛家的禅悟境界融会成中国茶道的基本格调与风貌。

第五节　茶的精神内涵

自从当代中华茶文化复兴以来，茶文化界有感于日本茶道四规“和、敬、清、寂”，分别提出诸多的四字来概括中华茶道精神或茶艺精神。但这些主张仅是当代茶人对中国茶道的理解和阐述而已，并不等于中国古代就有如此丰富、完备的关于茶道精神的理论。在诸多的研究总结中，吴振铎的

“清、敬、怡、真”，周渝的“正、静、清、圆”，张天福的“俭、清、和、静”，林治的“和、静、怡、真”，陈文华的“和、静、雅”等较有特点，揭示出了中华茶道精神的一些本质特征。

今天的茶道是古代茶道的延续和发展，因此，研究茶道精神和美学不能割断历史，置历史于不顾。中华茶道成于唐，继于宋，盛于明，因此要重视唐宋茶人，特别是鼎盛时期明代茶人们的观点，重视对中华茶道产生重大影响的皎然、陆羽、卢仝、赵佶、朱权、张源、许次纾等人的观点。今天总结出的茶道精神和美学要符合历史上的实际情况，在中国历史上能找到渊源。

由于中国古代没有专门的茶道著作，更无关于茶道精神的系统论述。古代茶人关于茶道精神和美学的见解都是散见于诗文或著述中，往往就一个或某些方面作出强调，显得比较零散。尽管如此，但也有迹可寻。

皎然是中华茶道的开拓者之一，他写有几十首茶诗，通过茶诗阐述了自己的茶道理念。他除首倡“茶道”外，在《饮茶歌诮崔石使君》诗中提出：“一饮涤昏寐”“再饮清我神”“三饮便得道”“此物清高世莫知，世人饮酒徒自欺”“孰知茶道全尔真，唯有丹丘得如此”。清神、清高、得道、全真，在道家和道教里，得道与全真是统一的，得道方能全真。清神也即清心，清神、全真是皎然提出的茶道功用。

唐代裴汶《茶述》指出：“其性精清，其味淡洁，其用涤烦，其功致和。”茶性清、味淡、涤烦、致和。清、淡、和是茶的品性和功用。

宋代，宋徽宗赵佶精通茶道，崇尚道教，自称“太平道君”。他在《大观茶论》中说：“至若茶之为物，擅瓯闽之秀气，钟山川之灵禀。祛襟涤滞，致清导和，则非庸人孺子可得而知矣；冲淡简洁，韵高致静，非惶遽之时可得而好尚矣。”赵佶强调茶的清、和、淡、静、洁、韵的精神和美学，其中明显带有道家思想色彩。

宋代苏轼，亦是著名茶人，曾作茶诗、茶词数十首，更作茶的传记《叶嘉传》，颂茶的品德：“臣邑人叶嘉，风味恬淡，清白可爱”“其志尤淡泊也”。清白、恬淡、淡泊，苏轼赞扬茶的清、淡品德。

明代，宁王朱权为避其兄成祖朱棣的忌害，晚而修道，自号涵虚子，臞仙，被道教净明派尊为真人。作为贵族，其精于茶道，堪与赵佶并驾齐名。其在《茶谱》序中称：“予尝举白眼而望青天，汲清泉而烹活火，自谓与天语以扩心志之大，符水火以副内练之功，得非游心于茶灶，又将有裨于修养之道矣，其惟清哉”“探虚玄而参造化，清心神而出尘表”。朱权高扬“清”的茶道精神。

明代周子夫序喻政《茶书全集》曰：“喻正之不甚嗜茶，而淡远清真，雅合茶理。”淡、远、清、真乃为茶之精神。

本书赞同将林治先生的“和、静、怡、真”，作为中华茶道的精神内涵。

一、茶道四谛之和

“和”是中国茶道哲学思想的核心。

“和”是儒、释、道三教共通的哲学理念。茶道追求的“和”源于《周易》中的“保合大和”。“保合大和”的意思指世间万物皆由阴阳两要素构成，阴阳协调，保全大和之元气以普利万物才是人间真道。陆羽在《茶经》中对此论述得很明白。惜墨如金的陆羽不惜用二百五十个字来描述他设计的风炉，指出风炉用铁铸从“金”，放置在地上从“土”，炉中烧的木炭从“木”，木炭燃烧从“火”，风炉上煮的茶汤从“水”。煮茶的过程就是金、木、水、火、土五行相生相克并达到和谐平衡的过程。可见五行调和等理念是茶道的哲学基础。

儒家从“大和”的哲学理念中推出“中庸之道”的中和思想。在儒家眼里和是中，和是度，和是宜，和是当，和是一切恰到好处，无过亦无不及。儒家对和的诠释，在茶事活动中表现得淋漓尽致。在泡茶时，表现为“酸甜苦涩调太和，掌握迟速量适中”的中庸之美。在待客时表现为“奉茶为礼尊长者，备茶浓意表浓情”的明礼之伦。在饮茶过程中表现为“饮罢佳茗方知深，赞叹此乃草中英”的谦和之礼 。在品茗的环境与心境方面表现为“普事故雅去虚华，宁静致远隐沉毅”的俭德之行。

儒家的思想核心为“和”。《中庸》言：“中也者，天下之大本也。和也者，天下之达道也”“致中和，天地位焉，万物育焉”。就茶道而言，不仅要求人和、水和、茶和，更要求茶与水和，人与茶和。

“一生二，二生三，三生万物，万物负阴而抱阳，冲气以为和。”（《老子》四十二章）“礼之用，和为贵。先王之道，斯为美。”（《论语·学而》）“天时不如地利，地利不如人和。”（《孟子·公孙丑》）“和也者，天下之达道也。”（《中庸》）中华文化重视“和”“天人合一”的和谐思想是中国文化的宝贵遗产。“和”有和敬、和睦、和平、和谐、和合、和顺、中和等含义，乃至人与自我、人与他人、人与社会、人与自然的和谐统一。

茶道中的“和”，主要是指人与人的和敬，人与环境、人与器具的和谐，物与物间的协调。与人和、与物和、与天和、与地和、与自我和，从而达到“物我无二、天人合一”的境界。

“茶滋于水，水籍乎器，汤成于火，四者相须，缺一不可”（许次纾《茶疏》）茶、水、器、火四者相辅相成。器乃土、木、金，茶汤的调制是金、木、水、火、土五行的调和。

“调神和内”（杜育《荈赋》）“体均五行调百疾”（陆羽《茶经》）茶有致和的功用。

“中和的此茗”（晁补之《次韵苏翰林五日扬州大塔寺烹茶》）茶性中和。

“惟素心同调，始可呼朋篝火”（屠隆《茶说》）茶人和同。

通过茶道活动，从茶之和，参悟人茶之和，人伦之和，人天之和。

中国茶道精神的核心之一即是“和”。“和”体现在茶道的方方面面。精神层次要符合儒家的中庸之道。器物层面，茶器、茶品也要符合中庸之道。最为重要的是人品亦要符合中庸之道。和合于仁、义、礼、智、信，和合于道，和合于自然。

“和”的范围是无限的。不仅限于天和、地和、人和，也意味着宇宙万物的和谐与统一。对茶人的要求，首先是注重自身的人格和道德修养，要将儒家的中庸思想贯穿于整个行茶道的过程中。以和为贵，以和为美，如此才能得茶中三味，才能品饮出茶的至味。

茶作为一种饮品，一种客观物质，演变成一种生活方式。并由生活方式，上升为精神层次，再演变为文化，深深地扎根于“和”的传统文化的记忆中，成为中国特有的文化传统。在人类的生存方式中，还没有哪一种物质如茶一样，在茶道中成为个人与大自然融为一体的介质文化，茶文化体现了中国“和”文化的重要精神实质和文化内涵。

中国人做事情历来讲究“以和为贵”“和气生财”，主张“外示儒术，内用黄老”，不说硬话，不做软事，取“中和”以待人，行“中庸”以理事，表象是事，实质体现的是人的世界观和处世观。这些深奥的哲理，正如一杯淡淡的茶水，使人们在日常的平凡生活琐事中感悟人生大道。历代茶人也都以“和”作为一种襟怀、一种气度、一种境界，在品茗中不断修习，细细体悟，不懈地追寻自我，超越自我，完善人格。

通过茶净化思想，纯洁心灵，求静，求豁达、明朗、理智，儒、释、道三家都在茶道中得到精神的寄托而达到一致，是“和”文化内涵的集中体现。

茶道以“和”为最高境界，亦充分说明了茶人对儒家和谐或中和哲学的深切把握。无论是宋徽宗的“致清导和”、陆羽谐调五行的“中”道之和、斐汶的“其功致和”，还是刘贞亮的“以茶可行道”之和，都无疑是以儒家的“中和”与和谐精神作为中国的“茶道”精神。

“大同世界”“万邦和谐”是中国人的社会理想；天地自然，五行和谐，是中国人的自然辩证观。在社会生活中，中国人主张有秩序，相携相依，多些友谊与理解；在与自然的关系中，主张天人合一，五行协调。中国茶道中引入了这些思想，融合了儒、释、道三家的精华，处处贯彻着和谐精神。随着对“和”文化的挖掘和中国茶道的深入研究，“和”的传统文化将在当今社会的新兴茶道中得到愈加鲜明的体现。“和”文化已在中国茶道精神中得到彰显，中国茶道已成为“和”文化的重要载体。

二、茶道四谛之静

中国茶道是修身养性、追寻自我之道。静是中国茶道修习的必由途径。

如何从小小的茶壶中去体悟宇宙的奥秘？如何从淡淡的茶汤中去品味人生？如何在茶事活动中明心见性？如何通过茶道的修习来提升精神，锻炼人格，超越自我？答案只有一个——静。

老子说："至虚极，守静笃，万物并作，吾以观其复。夫物芸芸，各复归其根。归根曰静，静曰复命。"庄子说："水静则明烛须眉，平中准，大匠取法焉。水静伏明，而况精神。圣人之心，静，天地之鉴也，万物之镜。"老子和庄子所启示的"虚静观复法"是人们明心见性，洞察自然，反观自我，体悟道德的无上妙法。

道家的"虚静观复法"在中国的茶道中演化为"茶须静品"的理论实践。宋徽宗赵佶在《大观茶论》中写道："茶之为物……冲淡闲洁，韵高致静。"徐祯卿《秋夜试茶》诗云："静院凉生冷烛花，风吹翠竹月光华。闷来无伴倾云液，铜叶闲尝字笋茶。"

梅妻鹤子的林逋在《尝茶次寄越僧灵皎》的诗中云："白云南风雨枪新，腻绿长鲜谷雨春。静试却如湖上雪，对尝兼忆剡中人。" 诗中无一"静"字，但意境却幽极静笃。

戴昺的《赏茶》诗："自汲香泉带落花，漫烧石鼎试新茶。绿阴天气闲庭院，卧听黄蜂报晚衙。"连黄蜂飞动的声音都清晰可闻，可见虚静至极。"卧听黄蜂报晚衙"真可与王维的"蝉噪林欲静，鸟鸣山更幽"相媲美。

苏东坡在《汲江煎茶》诗中写道："活水还须活火烹，自临钓石汲深清。大瓢贮月归春瓮，小勺分江入夜瓶。雪乳已翻煎处脚，松风忽作泻时声。枯肠未易禁三碗，坐听荒城长短更。"生动描写了苏东坡在幽静的月夜临江汲水煎茶品茶的妙趣，堪称描写茶境虚静清幽的千古绝唱。

中国茶道正是通过茶事创造一种宁静的氛围和一个空灵虚静的心境，当茶的清香静静地浸润心田和肺腑的每一个角落时，心灵便在虚静中显得空明，精神便在虚静中升华净化，从而在虚静中与大自然融涵玄会，达到“天人合一”的“天乐”境界。

得一“静”字，便可洞察万物、道通天地、思如风云，心中常乐，且可成为男儿中之豪情。道家主静，儒家主静，佛教更主静。我们常说：“茶禅一味。”在茶道中以静为本，以静为美的诗句还很多。唐代皇甫曾的《陆鸿渐采茶相遇》云：“千峰待逋客，香茗复丛生。采摘知深处，烟霞羡独行。幽期山寺远，野饭石泉清。寂寂燃灯夜，相思一磬声。”这首诗写的是境之静。宋代杜小山有诗云：“寒夜客来茶当酒，竹炉汤沸火初红。寻常一样窗前月，才有梅花便不同。”写的是夜之静。清代郑板桥诗云：“不风不雨正清和，翠竹亭亭好节柯。最爱晚凉佳客至，一壶新茗泡松萝。”写的是心之静。

“静胜躁，寒胜热。清静而为天下正。”（《老子》四十五章）清静可以正天下。“人生而静，天之性也；感于物而动，性之欲也。”（《乐记》）静乃人之天性。《庄子·天道》说：“水静则明烛须眉，平中准，大匠取法焉。水静犹明，而况精神！”以水静照物来形容人心要静，静思可明万理。心在“静”的状况下，才能不被世俗欲望所干扰，才能如明镜般观照万物，“万物静观皆自得”。“抱神以静，形将自正，必静必清，无劳汝形，无摇汝精，乃可以长生。”（《庄子·在宥》）静以养生。“心为道之器宇，虚静至极，则道居而慧生。”“心者，一身之主，百神之帅，静则生慧，动则成昏。”（司马承祯《坐忘论》）心静则道居而慧生。

“虚静”是庄子所提倡的审美心态。《庄子·天道》言：“虚则静，静则动，动则得矣。”又说：“夫虚静恬淡，寂寞无为者，万物之本也。”可见，虚静是万物之本。以“虚静”为审美心态，体察万物，心就会得到自由，从而观照到无限之“美”。

在茶事活动中，静是指环境的幽静，茶事过程中的安静，茶人的心静。“独饮曰神，二客曰胜，三四曰趣，五六曰泛，七八施茶耳。”（张源《茶录》）茶宜独饮静品，众则喧嚣。若独坐书房，潇然无事，烹茶一壶，不觉心静神清。茶人通过茶事活动，在纷扰的社会中，获得心灵的安宁。罗大经《鹤林玉露》（卷四）云：“余家深山之中，每春夏之交，苔鲜盈阶，落花满径，门无剥啄，松影参差，禽声上下。午睡初足，旋汲山泉，拾松枝，煮苦茗啜之；随意读《周易》《国风》《左氏传》《离骚》《太史公书》，及陶杜诗，韩苏文数篇。从容步山径，抚松竹，与麑犊共偃息于长林丰草间，坐弄流泉，漱齿濯足。既归竹窗下，则山妻稚子，作笋蕨，供麦饭，欣然一饱；弄笔窗间，随大小作数十字，展所藏法帖墨迹卷纵观之。兴到，则吟小诗或草玉露一两段，再啜苦茗一杯。”山静如太古，汲山泉煮苦茗，读书观画，吟诗撰文，悠然自得。

钱起《与赵莒茶宴》也表现出同样的意境：“竹下忘言对紫茶，全胜羽客醉流霞。尘心洗尽兴难尽，一树蝉声片影斜。”竹下品茶，蝉噪林静，忘言无声，一片静谧。

静是修行的入门功夫，也是茶道的追求。茶人通过茶道活动，先求身静尔后心静，心静则智慧生，世事洞明，静中气象万千。

在茶道中，静与美常相得益彰。古往今来，无论是羽士还是高僧或儒生，都殊途同归地把“静”作为茶道修习的必经大道。因为静则明，静则虚，静可虚怀若谷，静可内敛含藏，静可洞察明细，体道入微。可以说：“欲达茶道通玄境，除却静字无妙法。”

三、茶道四谛之怡

“怡”者，和悦、愉快之意。

中国茶道是雅俗共赏之道，它体现于日常生活之中，它不讲形式，不拘一格。突出体现了道家“自恣以适己”的随意性。同时，不同地位、不同信仰、不同文化层次的人对茶道有不同的追求。

历史上王公贵族讲茶道，他们重在“茶之珍”，意在炫耀权势，夸示富贵，附庸风雅。文人学士讲茶道重在“茶之韵”，托物寄怀，激扬文思，交朋结友。佛家讲茶道重在“茶之德”，意在去困提神，参禅悟道，见性成佛。道家讲茶道，重在“茶之功”，意在品茗养生，保生尽年，羽化成仙。普通老百姓讲茶道，重在“茶之味”，意在去腥除腻，涤烦解渴，享受人生。无论什么人都可以在茶事活动中取得生理上的快感和精神上的畅适。

参与中国茶道，可抚琴歌舞，可吟诗作画，可观月赏花，可论经对弈，可独对山水，亦可以翠娥捧瓯，可潜心读《易经》，亦可置酒助兴。儒生可“怡情悦性”，羽士可“怡情养生”，僧人可“怡然自得”。中国茶道的这种怡悦性，使得它有极广泛的群众基础，这种怡悦性也正是中国茶道区别于强调“清寂”的日本茶道的根本标志之一。

四、茶道四谛之真

《庄子·渔父篇》云：“真者，精诚之至也，不精不诚，不能动人。”“真者，所以受于天也，自然不可易也。故圣人法天贵真，不拘于俗，愚者反也。真悲无声而哀，真怒未发而威，真亲未笑而和。真在内者，神动于外，是所以贵真也。”“真”即是不事雕琢、质直平淡的自然状态，是大道的体现。

“真”有三层含义：其一是真诚，没有矫饰，没有虚伪，是发自内心的情感，是真情流露。其二是自然，自然而然，无为而无不为。司空图这样描写“自然”的特征：“俯拾即是，不取诸邻。”自然的特点是随手拈来，不加雕琢。虽对客观事物进行艺术加工却不见加工的痕迹，仍然保持了事物的自然形态的美的本色，“豪华落尽见真淳”。其三是真性、真道、真德。

在茶事过程中崇尚本真，自然，不事雕琢，质朴无华，返璞归真。茶人之间讲究真诚、率直。从茶的真香、真味体悟其自然之性，从而通达大道。

茶有真香、真味，“简便异常，天趣悉备，可谓尽茶之真味矣。”（文震亨《长物志》）“然天地生物，各遂其性，莫若叶茶，烹而啜之，以遂其自然之性也。”（朱权《茶谱》）

中国人不轻易言“道”，而一旦论道，则执著于“道”，追求 于“真”。“真”是中国茶道的起点，也是中国茶道的终极追求。中国茶道在从事茶事时所讲究的“真”，不仅包括茶应是真茶、真香、真味；环境最好是真山、真水；挂的字画最好是名家、名人的真迹 ；用的器具最好是真竹、真木、真陶、真瓷，还包含了对人要真心，敬客要真情，说话要真诚，心境要真闲。茶事活动的每一个环节都要 认真，每一个环节都要求真。

第四章 茶道的表现形式

第一节 文 学

文人七件宝：琴、棋、书、画、诗、酒、茶。茶通六艺，使六艺添趣增色，而六艺助茶，形成了多姿多彩、不拘一格的茶艺表现形式，茶道也通过六艺的渲染而更加鲜活，难怪黄庭坚和历代茶人都甘愿将生命“付与杯中绿”。

所谓茶文学，是指以“茶”为主题而创作的文学作品。作品的主题不一定是茶，但是有歌咏茶或描写茶的优美片段，都可视为茶文学。茶文学的内容包括茶诗、茶词、茶文、茶对联、茶小说等。至于我国有关茶文学的作品数量，据统计，就茶诗词来计算：唐代约有500首，宋代约有1000首，金、元、明清和近代也有500首，总共加起约2000首，可谓数量巨大、质量上乘。这些作品已成为我国文学宝库中的珍贵财富。

在我国早期的诗、赋中，赞美茶的首推晋代诗人杜育的《荈赋》。诗人以饱满的热情歌颂了祖国山区孕育的奇产——茶叶。诗中云，茶树受着丰壤甘霖的滋润，满山遍谷，生长茂盛，农民成群结队辛勤采制。晋代左思还有一首著名的《娇女诗》，非常生动地描写了两个幼女的娇憨姿态和烹煮香茗的娇姿。

唐代为我国诗的极盛时期，科举以诗取士，作诗成为谋取利禄的道路，因此唐代的文人几乎无一不是诗人。此时适逢陆羽《茶经》问世，饮茶之风更炽，茶与诗词，两相推波助澜，咏茶诗大批涌现，出现大批好诗名句。

唐代杰出诗人杜甫，写有“落日平台上，春风啜茗时”的诗句。当时杜甫年过四十，而蹉跎不遇，微禄难沾，有归山买田之念。此诗虽写得潇洒闲适，仍表达了他心中隐伏的不平。诗仙李白豪放不羁，一生不得志，只能在诗中借浪漫而丰富的想象表达自己的理想，而现实中的他又异常苦闷，成天沉湎在醉乡。正如他在诗中所云：“三百六十日，日日醉如泥。”当他听说荆州玉泉真公因常采饮“仙人掌茶”，虽年逾八十，仍然颜面如桃花时，也不禁对茶唱出了赞歌：“常闻玉泉山，山洞多乳窟。仙鼠如白鸦，倒悬深溪月。茗生此中石，玉泉流不歇。根柯俪芳津，采眼润肌骨。丛老卷绿叶，枝枝相连接。曝成仙人掌，似拍洪崖肩。举世未见之，其名定谁传……”

中唐时期最有影响的诗人白居易，对茶怀有浓厚的兴趣，一生写下了不少咏茶的诗篇。他的《食后》云：“食罢一觉睡，起来两碗茶；举头看日影，已复西南斜。乐人惜日促，忧人厌年赊；无忧无乐者，长短任生涯。”诗中写出了他食后睡起，手持茶碗，无忧无虑，自得其乐的情趣。

以饮茶而闻名的卢仝，自号玉川子，隐居洛阳城中。他作的诗豪放怪奇，独树一帜。他在名作《饮茶歌》中，描写了他饮七碗茶的不同感觉，步步深入，诗中还从个人的穷苦想到亿万苍生的辛苦。

寺院出身的“茶圣”陆羽，经常亲自采茶、制茶。尤善于烹茶，因此结识了许多文人学士和有名的诗僧，留下了不少咏茶的诗篇。

到了宋代，文人学士烹泉煮茗，竞相吟咏，出现了更多的茶诗茶歌，有的还采用了词这种当时新兴的文学形式，诗人苏轼有一首《西江月》词云：“尤焙今年绝品，谷帘自古珍泉，雪芽双井散神仙，苗裔来从北苑。汤发云腴酽白，连浮花乳轻圆，人间谁敢更争妍，斗取红窗粉面。”词中对双井茶叶和谷帘泉水作了尽情的赞美。

元代诗人的咏茶诗也有不少。高名的一首著名的《采茶词》，描写了山家以茶为业，佳品先呈大守，其余产品与商人换衣食，终年劳动难得自己品尝的情景。

清高宗乾隆，曾数度下江南游山玩水，也曾到杭州的云栖、天竺等茶区，留下不少诗句。他在《观采茶作歌》中写道：“火前嫩，火后老，惟有骑火品最好。西湖龙井旧擅名，适来试一观其道……”

我国不少老一辈无产阶级革命家的茶兴都不浅，在诗词交往中，也每多涉及茶事。1926年，毛泽东同志的七律诗《和柳亚子先生》中，就有“饮茶粤海未能忘，索句渝州叶正黄”的名句。1941年，柳亚子先生还在一首诗中说：“云天倘许同忧国，粤海难忘共品茶。”朱德同志在品饮庐山云雾茶以后，赞扬此茶云：“庐山云雾茶，味浓性泼辣，若得长年饮，延年益寿法。”其他老一辈革命家也有诗作，如董必武的《游龟山》、陈毅的《梅家坞即景》、郭沫若的《初饮高桥银峰》等，此外，赵朴初、吴觉农、庄晚芳、王泽农、陈椽等都写过茶诗，并以深刻的寓意，清新的笔触，把我国传统茶诗词推到了一个新的阶段。

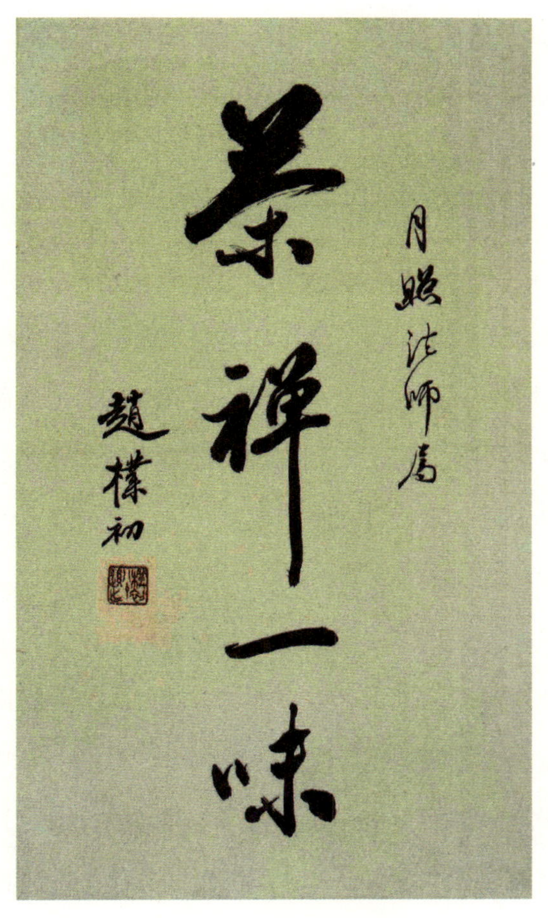

赵朴初《茶禅一味》

第二节 歌 舞

茶歌、茶舞，和茶与诗词的情况一样，是由茶叶生产、饮用这一主体文化派生出来的一种茶文化现象。它们的出现，不只是在我国歌、舞发展的较迟阶段上，也是我国茶叶生产和饮用成为社会生产、生活的寻常内容以后才见的事情。从现存的茶史资料来说，茶叶成为歌咏的内容，最早见于西晋孙楚的《出歌》，其称“姜桂茶荈出巴蜀”，这里所说的“茶荈”，就都是指茶。至于专门咏歌茶叶的茶歌，此后从何而始？已无法考查。

远在唐代，文学家杜牧的《题茶山》诗中，就谈道“溪尽仃蛮棹，旗张卓翠苔。柳村穿窈窕，松涧度喧豗”“舞袖岚侵涧，歌声谷答回。磬音藏叶鸟，雪艳照潭梅”。描写了当年在茶山采茶时载歌载舞的热闹场面。其实，中国各民族的采茶姑娘，历来都能歌善舞，特别是在采茶季节，茶区几乎随处可见到尽情歌唱、翩翩起舞的情景。因此，在茶乡有“手采茶叶口唱歌，一筐茶叶一筐歌”之说。

从晚唐文学家皮日休《茶中杂咏序》“昔晋杜育有荈赋，季疵有茶歌”的记述中，得知最早的茶歌是陆羽的《茶歌》。但可惜，这首茶歌也早已散佚。不过，有关唐代中期的茶歌，在《全唐诗》中还能找到如皎然《茶歌》、卢仝《走笔谢孟谏议寄新茶》、刘禹锡《西山兰若试茶歌》等几首。尤其是卢仝的此首诗，常见引用。在我国古时，如《尔雅》所说“声比于琴瑟曰歌”。《韩诗章句》称“有章曲曰歌”，认为诗词只要配以章曲，声之如琴瑟，则其诗也是歌了。

卢仝《走笔谢孟谏议寄新茶》在唐代是否作歌？不清楚；但至宋代，如王观国《学林》、王十朋《会稽风俗赋》等著作中，就都称“卢仝茶歌”或“卢仝谢孟谏议茶歌”了，这表明至少在宋代时，这首诗就配以章曲、器乐而唱了。宋时由茶诗词而传为茶歌的这种情况较多，如熊蕃在十首《御苑采茶歌》的序文中称：“先朝漕司封修睦，自号退士，曾作《御苑采茶歌》十首，传在人口……蕃谨抚故事，亦赋十首献漕使。”这里所谓“传在人口”，就是传唱在人民中间。

上面讲的，是由诗为歌，也即由文人的作品而变成民间歌词。茶歌的另一种来源，是由谣而歌，民谣经文人的整理配曲再返回民间。如明、清时杭州富阳一带流传的《贡茶鲥鱼歌》，即属这种情况。这首歌，是正德九年（1514 年）由察佥事韩邦奇根据《富阳谣》改编为歌的。其歌词曰：“富阳山之茶，富阳江之鱼，茶香破我家，鱼肥卖我儿。采茶妇，捕鱼夫，官府拷掠无完肤，皇天本圣仁，此地亦何辜？鱼兮不出别县，茶兮不出别都，富阳山何日摧？富阳江何日枯？山摧茶已死，江枯鱼亦无，山不摧江不枯，吾民何以苏？！”歌词通过一连串的问句，唱出了富阳地区采办贡茶和捕捉贡鱼，百姓遭受的侵扰和痛苦。后来，韩邦奇也因为反对贡茶触犯皇上，以“怨谤阻绝进贡”罪，被押囚京城的锦衣狱多年。

茶歌的再一个也是主要的来源，即完全是茶农和茶工自己创作的民歌或山歌。如清代流传在江西每年到武夷山采制茶叶的劳工中的歌。

其歌词曰：

“清明过了谷雨边，背起包袱走福建。
想起福建无走头，三更半夜爬上楼。
三捆稻草搭张铺，两根杉木做枕头。
想起崇安真可怜，半碗腌菜半碗盐。
茶叶下山出江西，吃碗青茶赛过鸡。
采茶可怜真可怜，三夜没有两夜眠。
茶树底下冷饭吃，灯火旁边算工钱。
武夷山上九条龙，十个包头九个穷。
年轻穷了靠双手，老来穷了背竹筒。”

第三节　美　　术

茶是从大自然中走出来的，书法是“师法自然”的。茶从种植、炮制、包装、饮用，带着自然生态的本真，吸收了中国传统文化的内蕴，产生了茶道、茶艺，发扬光大了中国传统文化；书法的笔、墨、纸、砚都是自然天成、手工制作的，在书写以后，使中国文化得到升华。两者都渗透着厚重的历史文化积淀，且互相关联影响。试想，茶文化当中如果没有书法和它连接的中国文化的浸润，茶文化也不成茶文化。

美术是一种“造型艺术”，是通过构图、造型、涂色等手段，来创造可视形象的一种艺术。所以，它的范围或内容，除一般认为的绘画、雕塑以外，甚至还包括建筑在内。茶文化中的雕塑技艺，主要集中在茶具和团茶、饼茶的造型及饰面上。如宋朝北苑的龙凤贡茶，其饰面的花纹特别讲究，经常更新。宫内更有在贡茶上加上其他装饰物的活动，其时称之为“绣茶”。

我国以茶为题材的古代绘画，现存或有文献记载的多为唐代及其以后的作品。如唐代周昉的《调琴啜茗图卷》、南宋刘松年的《斗茶图卷》、元代赵孟頫的《斗茶图》、明代唐寅的《事茗图》、明代文征明的《惠山茶会图》《烹茶图》，明代丁云鹏的《玉川煮茶图》等。

文征明《惠山茶会图》

丁云鹏《玉川煮茶图》

绘画是对自然景物、社会生活的一种描摹或再现。绘画起源早，早在旧石器时代人类居住的山洞中，洞壁就留有早期人类画作。茶在我国也是一种史前饮料，但是关于饮茶的有关画卷；迟至唐朝才见提及。据称，在现存的史册中，能够查到的与茶有关的最早绘画，是唐朝周哧的《调琴啜茗图卷》。

宋代现存完整的茶事美术作品，首推北宋的《妇女烹茶画像砖》。北宋时，除李成、范宽、郭熙、米芾在山水画上有较大发展外，壁画、版画也颇兴盛。如当时汴梁大相国寺的门庑四廊，就都由画院待诏高文进等画了佛教人物故事，并以此盛名于时，这时，木刻版画随印刷业的发达也流行起来。画像砖是汉以前就流行的一种雕画结合的形式，但唐代以后渐渐稀少，北宋这件《妇女烹茶画像砖》，显然是受民间木刻影响企图恢复砖画的一件力作。画像砖画面为一高髻宽领长裙妇女，在一炉灶前烹茶，灶台上放有茶碗、茶壶，妇女手中还一边在擦拭着茶具。整个造型显得古朴典雅，用笔细腻。

清代的茶事画因距今时间较近，留传下来的更多。不论是清初的“四王”，还是后来的“扬州八怪”，在他们传世的作品中，都能找到茶叶题材和有茶事器物的画作，不过，现在常见提到的，还是乾隆年间的薛怀所画的《山窗清供》图。

以茶为题材的画，不只在中国，随着茶在世界的广泛传播，茶画也在其他各国流行开来。首先是日本，日本是吸收和保留我国古代文化较多的国家之一。他们从我国引进茶叶文化的时间较早，效法我国绘制以茶为题材的画也早。著名的茶画有《茶旅行》卷画、《松下煮茶图》和《菊与茶》三幅。《茶旅行》卷画是描绘日本历史上每年从宇治运送新茶到东京进贡的十二种场景。

茶画虽然没有像茶具一样派生为一种独立的文化现象，但是，它不仅增添了世界各国的绘画题材，增强了有关绘画的生活气息，对于茶叶文化来说，也具有一种活跃和丰富的作用。

历史告诉我们，绘画艺术与茶有密切联系，就是在现代摄影艺术中，与茶的联系也相当广泛，许多摄影师以茶为题材，拍摄了不少优秀作品。特别在一些名山拍摄的采茶画面，将山水峰岩、松竹花木和茶园融为一体，益发增添了茶区景色的诗情画意。

第四节　婚　　礼

茶与婚礼的关系，简单来说，就是在婚礼中应用茶作为礼仪的一部分。从唐太宗贞观十五年（641 年），文成公主入藏时，按本民族的礼节带去茶开始，至今已有 1300 多年了。唐时，饮茶之风甚盛，茶叶成为婚礼必不可少的礼品。宋时，由原来女子结婚的嫁妆礼品演变为男子向女子求婚的聘礼。至元、明时，“茶礼”几乎为婚礼的代名词。女子受聘茶礼称“吃茶”。姑娘受人家茶礼便是合乎道德的婚姻。

明朝时就有“定亲茶”的记载。清代人福格在《听雨丛谈》卷八中说：“今婚礼行聘，以茶叶为币，清汉之俗皆然，且非正室不用。”

清朝仍保留茶礼的观念。有“好女不吃两家茶”之说。由于茶性不二移，开花时籽尚在，称为母子见面，表示忠贞不移。如《红楼梦》书中，王熙凤送给林黛玉茶后，诙谐地说：“你既吃了我家的茶，怎么还不做我家的媳妇？”

与茶有关的婚俗，最有趣的当推闽南和台湾地区。

闽台婚姻礼仪总称为“三茶天礼”。“三茶”即订婚时的“下茶”，结婚时的“定茶”，同房合欢见面时的“合茶”。

在旧社会，男方随媒婆或父母到女方家提亲、相亲，女方的父母就习惯叫待字闺中的女儿端茶待客，茶杯斟满后，依辈分次序分送到男方亲客手中，由此拉开了“相亲”的序幕。男方家人乘机审察姑娘的相貌、言行、举止，姑娘也暗将未来夫君打量一番，当男方到女方家“送定（定亲）”时，由待嫁女端甜茶（闽台民间叫“金枣茶”），请男方来客品尝。喝完甜茶，男方来客就用红纸包双数钱币回礼，这一礼物叫“压茶瓶”。到了娶亲这一天，男方的迎娶队伍到女家， 女家就要请吃“鸡蛋茶（甜茶内置一个脱壳煮糖的鸡蛋）”。

男方婚宴后，新郎、新娘在媒婆或家人的陪伴下，捧上放有蜜饯、甜冬瓜糖等“茶配”的茶盘，敬请来客，此礼叫“吃新娘茶”。来客吃完“新娘茶”要包红包置于茶盘为回礼。结婚成亲的第二天，新婚夫妇合捧“金枣茶（每一小杯加两粒蜜金枣）”，跪献长辈，这就是闽南、台湾地区民间著名的“拜茶”，也是茶礼在婚事中的高潮。倘若远离故乡的亲属长辈不能前往参加婚礼，新郎家就用红纸包茶叶，连同金枣一并寄上。

在闽南、台湾地区，茶树是缔结同心、至死不移的象征。据郎英的《七修类稿》和陈跃文的《天中记》载：“凡种茶树必下子，移植则不复生，故旧聘妇必以茶为礼，义固有所取也。”

如今，我国许多农村仍把订婚、结婚称为“受茶”“吃茶”，把订婚的定金称为“茶金”，把彩礼称为“茶礼”等。在婚礼中用茶为礼的风俗，也普遍流行于各民族。蒙古族订婚，说亲都要带茶叶表示爱情珍贵。回族、满哈萨克族订婚时，男方给女方的礼品都是茶叶。回族称订婚为“订茶”“吃喜茶”，满族称“下大茶”。至于迎亲或结婚仪式中用茶，有作礼物时，主要用于新郎、新娘的“交杯茶”“和合茶”，或向父母尊长敬献的“谢恩茶”“认亲茶”等仪式。总之，从古到今，我国的许多地方，在结婚的每一个过程中，往往都离不开用茶来作礼仪。

第五节　祭　　祀

因为茶与宗教关系密切，所以，茶还常常作为祭天祀祖的物品。作为祭品的茶，往往寄托祭祀者深深的祝愿。

用茶祭祀，在我国历史上，有文字记载的，可以追溯到两晋、南北朝时期，据梁萧子显《南齐书》记载，南朝时齐世祖武皇帝萧颐，在他的遗诏里说：“我灵上慎勿以牲为祭，唯设饼果、茶饮、干饭、酒脯而已。”《神异记》一书中记述了一个故事，说浙江余姚人虞洪上山采茶，遇见一位道士，牵着三头青牛，道士带着虞洪到了瀑布山，对他说：“予丹丘子也。闻子善具饮，常思见惠。山中有大茗，可以相给，祈子他日有瓯牺之余，乞相遗也。”以后，虞洪就用茶来祭祀，后来家人进山，果然经常采到了大茶。在这里，古人认为即使是“仙人”，同样也是爱茶，这就是用茶祭天的延伸。

有关这类记载，说得最详细的要算是南朝宋刘敬叔著的《异苑》，其中记道：剡县（今浙江嵊州市）人陈务的妻子，年轻守寡，和两个儿子住在一起，很喜欢喝茶。因为住宅里有一个古墓，她每次在喝茶之前，总是先用茶祭祖，她的两个儿子很讨厌这种做法，对她说：“古冢何知？徒以劳？”要把古墓掘掉，经母亲苦苦劝说，才算作罢。那一夜，她梦见有个人对她说：“吾止此冢三百余年，卿二子恒欲见毁，赖相保护，又享吾佳茗，虽泉壤朽骨，岂忘翳桑之报。”天亮后，她在院子里发现有铜钱十万，好像是很久以前埋在地下的，只是穿钱的绳子是新的。为此，她把这件事告诉两个儿子，他们都感到惭愧。此后，他们一家祭奠得更加虔诚了。这个故事反映了当时我国的饮茶风俗，在民间已有用茶祀祖的做法。同时，这也反映了一种恩怨相报的思想。

用茶作为随葬物，这种风俗习惯，在我国的不少地区，一直沿袭。长辈死后，若生前爱茶，做晚辈的就用茶作随葬品，以尽孝心，慰藉长辈在天之灵。至于根据故人生前遗嘱作为随葬物的，更是时有所闻。

用茶作为殉葬品，在我国民间有两种说法：一种认为茶是人们生活的必需品，人虽死了，但阴魂犹在，衣食住行，如同凡间一般，饮茶仍然是不可少的。前面提及的几则神异故事，就是这种意念的反映。它虽有迷信色彩，但也表现了晚辈对长辈的一片孝心。另一种认为茶是“洁净”之物，能吸收异味，净化空气，用今人的话来说，就是用茶作随葬物，有利于死者的遗体保存和减少环境污染。

在我国民间，还有信神拜佛的，尤其一些善男信女，常用“清茶四果”或“三茶六酒”，祭天谢地，期望能得到神灵的保佑。

至于逢年过节，尤其如此，在江浙一带，特别在一些老年人中间，说农历七月初七是地藏王菩萨生日；农历七月十五，是阴间鬼放假的日子；农历十二月廿三，是大年除夕等。在这些节日，就得用三茶六酒，拜天谢地，泼洒大地，以告慰神灵，保佑平安，寄托未来。这种祭祀方式在一些老年人中和农村，不时可以看到。

在我国民间还有一些信神的人，特别是上了年纪的人，由于他们把茶看作是一种“神物”，用茶敬神，便是最大的虔诚。所以，在我国古刹禅院中，常备有“寺院茶”，并且将最好的茶叶用来供佛。据《蛮瓯志》记载，觉林院的僧侣，“待客以惊雷　（中等茶），自奉以萱带草（下等茶），供佛以紫茸香（上等茶）。盖最上以供佛，而最下以自奉也”。寺院茶按佛教规制，还要每日在佛前、祖前、灵前供奉茶汤。“茶禅一味”这种习惯，一直流传至今。有鉴于此，一些虔诚的佛教徒，常以茶为供品，向寺院佛祖献茶，这在我国西藏寺院中最为常见。

在唐代，做茶叶生意的人，往往在家里供上一个陆羽的瓷像，相隔一段时期，要用茶水浇洒瓷像，作为一种祭祀茶祖的方式，是为了保佑自己的生意做得更兴旺。

用茶祭祀，有的还是沿袭民间传说而逐渐形成的，如我国著名黄山毛峰茶的产地安徽黄山一带农村，有的农户，往往在堂屋的香案上供奉一把茶壶。据说明代时，徽州府有个知县，闻说黄山云雾茶不但清香扑鼻，滋味甘醇，而且在泡茶时能出现奇景：在雾气缭绕的茶壶之上，似能见到有个美丽的姑娘，左脚跪地，面对旭日；右手前伸，犹如一只飞翔的天鹅。知县为了讨得皇帝的欢心，匆匆赴京禀报皇上。哪知皇帝要在金殿面试，不料一试，未能形成奇观，于是龙颜大怒，将知县立即问斩，并追查制造“胡言邪说”的人，以同罪处之。徽州知府闻听此言，大惊失色。他虽听过有此传说，但未曾想到知县会瞒着他进京献茶，落得杀身之祸，如今又要给茶乡百姓带来灾难，该连累多少无辜。为此，他只得将个中缘由告诉百姓，问众位父老，如何是好？结果，黄山百姓告诉他，用黄山云雾茶泡茶，确有这等景观，但必须有四个条件：就是必须用谷雨前采制的茶叶，盛在紫砂壶中，再用栗树炭烧的山泉水冲泡，才能有此奇观。至此，知府才明白其中奥妙，于是他亲自带着一位有丰富泡茶经验的老汉，带着谷雨前茶、紫砂壶、山泉水、栗树炭，来到金殿之上，当场验证。这一招，果然有效，使龙颜大悦，文武百官见了也呼“神奇”。于是，皇帝重赏了知府，撤散前旨，终于避免了一场大灾难。从此之后，黄山百姓把知府上京用过的紫砂茶壶、扁担、绳索等物奉若珍宝。特别把茶壶看作是“救命壶”。黄山的家家户户，都置上一把，作为供物。这种习俗，一直流传至今。

第六节　食　　疗

茶叶对人体具有保健功效，所以茶自从被发现和利用以来，茶与茶疗一直是我国医药学的重要组成部分。以茶作为单方或配伍其他中药组成复方，用来内服或外用，以养生保健、防病疗疾的一种治疗方法即为茶疗。

古代茶疗被广泛运用，诸多典籍都有相关的记载。到了近代，特别是现代，茶疗的应用几乎随处可见。如《中国药学大辞典》《中国医学大辞典》《药材学》《中药大辞典》《瀚海颐生十二茶》《家用中成药》《食物疗法精粹》《养生寿老集》《中国药膳学》《中国药学》等诸多著作中，都录有许多茶疗方剂。其取材易、制法简，应用方便，疗效好的特点，备受人们的欢迎。

以茶可入药，同样，以茶也可入食。用茶掺入其他食物供食用，可以说是古代吃茶法的延伸。据查，这种茶食，至少已有三千年以上的历史了。发展到现代，又可有茶叶菜肴和含茶食品之分。茶叶入菜，一可以用茶叶特有的清香调味除腻；二可通过茶中丰富的营养物质，增强菜肴的营养价值和药用功能。这是由于茶叶中有些成分不溶解于热水，但对人体健康有益。含茶食品，自元代以来我国就已有了含茶的食品，元代的玉蘑茶（用紫笋茶和炒米混合后磨成粉，调拌食用）和枸杞茶（用枸杞和雀舌茶碾成细末后，拌以酥油，用温酒调食）就属于含茶食品，明代的擂茶，在至今的少数民族中还广为食用。

卢仝的《走笔谢孟谏议寄新茶》中有“七碗茶”之说，即一碗喉吻润，两碗破孤闷，三碗搜枯肠，四碗发轻汗，五碗肌骨清，六碗通仙灵，七碗吃不得，唯觉两腋习习清风生。

李时珍的《本草纲目》记载：“茶苦而寒，最能除火，火为百病，火降则上清矣。”

顾况的《茶赋》说茶：“滋饭蔬之精素，攻肉食之膻腥，发当暑之清吟，涤通宵之昏寐。”

以上可以说是古人的茶疗，且看当代中外医学家的分析。

茶中含有丰富的维生素C和咖啡因，能提神醒脑，消除疲劳，醒酒消食，祛炎症，对口腔和肠胃轻度溃疡有加速愈合的功效。

茶中含氟量高，对预防老人骨质疏松症有益。

茶中含有鞣酸，可阻止氧化反应的发生，有助于预防白内障。

茶中的茶色素，能改善血液的高凝状态，有预防动脉硬化的作用。

茶中所含的多糖类，可降低血糖，有助于控制糖尿病，但要将茶叶泡在冷开水中，才能吸收多糖类。

绿茶中的茶单宁，有抑制导致肝癌物质的黄曲霉毒素，抑制细胞癌变等作用。

上述是单一的茶疗。另有用茶叶烹调制作的食品，也能使人体更充分地吸收茶叶的营养成分。如用茶汤拌馅制饺子，是不少北方人喜吃的，有“攻肉食之膻腥”。用茶叶浸腌香油或拌香料炒食，是云南少数民族喜吃的，有“滋饭蔬之精素”。用乌龙茶烹调鸡肉，是广东风味菜的“香茶鸡”，能补益五脏。用龙井茶和虾仁、蛋清、绍酒烹制的“龙井虾仁”是杭州的名菜，能清热降火。用茶汤烹鲫鱼，有补虚弱、止消渴的功效。

第七节　旅　　游

茶与旅游的结合是一种互利双赢的举措。茶文化旅游可以说是一种新兴的文化旅游，也可以说是茶产业的衍生品。旅游不单是一种经济行为，更是一种文化活动。文化内涵是旅游产业长久生命力的源泉和基础。在旅游活动中加入茶文化，把茶文化的知识性、观赏性、可参与性很好地与旅游结合起来，既可以丰富旅游活动的文化内涵，又可以宣传和普及茶文化知识，既弘扬了茶文化，又拉动了旅游经济的增长。所以，拥有几千年发展历史的中国茶文化与注重文化内涵的现代旅游可以说是一拍即合，交相辉映。

茶文化旅游是将茶自然资源、茶生产、茶文化内涵等融合，使得茶叶资源与旅游有机结合的新型旅游方式，以茶区多样性的自然景观和文化景观为载体，辅以丰富的茶文化，开发集观光、体验、习艺、商贸、娱乐、休闲等多种旅游功能的旅游产品。近年来，中国茶文化旅游方兴未艾，在茶界与旅游界人士的共同努力下，发展得非常迅速。各大产茶区因地制宜，根据当地茶叶资源，纷纷兴建起具有当地特色的生态观光茶园、茶叶生态保健游、茶叶博物馆等，吸引大批爱茶游客前往。例如，杭州梅家坞龙井茶基地、山东乳山大孤山镇茶叶基地、湖北赤壁羊楼洞生态茶园基地、湖北恩施宣恩县伍家台农业观光公园等都在倾力打造国内茶文化深度体验旅游目的地，且已形成一定的影响力，既宣传推广了茶叶产地的茶文化，又使得当地的旅游经济迅猛发展。

茶文化旅游

参考文献

[1] 姜天喜．论中国茶文化的形成与发展．西北大学学报：哲学社会科学版，2006，36（6）：30-32.

[2] 王主玉．揭示中国茶文化的精蕴．中国社会科学，1994（1）：206-207.

[3] 季野．茶艺信箱．台北：茶与艺术杂志社，1987.

[4] 范增平．台湾茶文化论．台北：碧山岩出版公司，1992.

[5] 蔡荣章．现代茶艺．台北：中视文化事业股份有限公司，1984.

[6] 王玲．中国茶文化．北京：九州出版社，2009.

[7] 丁文．中国茶道．西安：陕西旅游出版社，1994.

[8] 寇丹．茶艺初论——在五台山国际茶会上的发言．农业考古，1997（4）：55-58.

[9] 童启庆．习茶．杭州：浙江摄影出版社，1996.

[10] 蔡荣章，林瑞萱．现代茶思想集．台北：玉川出版社，1995.

[11] 陈香白．中国茶文化．太原：山西人民出版社，2002.

[12] 邵星．陆羽说茶有“九难”．茶博览，2012（1）：62-63.

[13] 马守仁．禅心茶韵——试论儒、道、释三家学说对中国茶道的影响．农业考古，2010（5）：100-102.

[14] 刘丽枫．略论中国茶道的内涵．赤峰学院学报：汉文哲学社会科学版，2010，31（12）：88–89.

[15] 丁氏碧娥．禅茶一味．福州：福建师范大学，2009.

[16] 罗庆江．“中国茶道”浅谈．农业考古，2001（4）：339–341.

[17] 徐晓村．中国茶文化．北京：中国农业大学出版社，2005.

[18] 丁以寿．中华茶道．合肥：安徽教育出版社，2007.

[19] 牛玉芬．“和”文化与中国茶道．青岛科技大学学报：社会科学版，2012，28（1）：41–43.